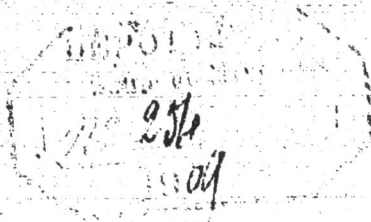

LAVATER ET GALL

PHYSIOGNOMONIE

ET

PHRÉNOLOGIE

LAVATER ET GALL

PHYSIOGNOMONIE

ET

PHRÉNOLOGIE

RENDUES INTELLIGIBLES POUR TOUT LE MONDE

Exposé du sens moral,
des traits de la physionomie humaine
et de la signification des protubérances de la surface du crâne
relativement aux facultés et aux qualités de l'homme.

PAR A. YSABEAU

Ancien professeur d'histoire naturelle.

NOUVELLE ÉDITION

ACCOMPAGNÉE DE 150 FIGURES DANS LE TEXTE

PARIS

GARNIER FRÈRES, LIBRAIRES-ÉDITEURS

6, rue des Saints-Pères, 6

PHYSIOGNOMONIE

ET

PHRÉNOLOGIE

OU

LAVATER ET GALL

RENDUS INTELLIGIBLES POUR TOUT LE MONDE

AVANT-PROPOS

Le siècle présent, depuis les premiers instants de sa naissance jusqu'à nos jours, a remué profondément bien des choses, principalement des idées. Les hommes les plus opposés à cet immense mouvement des esprits, ne pouvant y faire obstacle, ont fini par s'y associer, et se sont laissé entraîner à y prendre part. De là le puissant attrait des écrits de tous ceux qui ont su mettre en avant des idées neuves, ou rajeunir des idées anciennes, en les présentant sous un aspect nouveau. Telles sont les bases de la célébrité de Lavater et de Gall, deux intelligences d'un caractère différent, l'une et l'autre de l'ordre le plus élevé.

Bien peu d'entre ceux qui entendent prononcer à chaque instant les noms de Lavater et de Gall, et qui se préoccupent vaguement de leurs systèmes, ont pris la peine de lire leurs ouvrages. C'est qu'il faut, pour les lire en entier, une dose plus qu'ordinaire de persévérance. Lavater surtout, qui, malgré sa modestie un peu exagérée, savait beaucoup de choses, ne savait pas *faire un livre*, c'est-à-dire qu'il ignorait complètement l'art de classer ses idées, et de les présenter dans un ordre clair, méthodique, précis, en leur donnant l'attrait de la forme; aussi en parle-t-on fréquemment, mais, la plupart du temps, sur ouï-dire; on l'admire beaucoup, on le lit peu; ce qui peut arriver de plus fâcheux à un livre, c'est qu'on ne le lise pas.

Il a paru opportun, à une époque où les idées exposées avec hardiesse par Lavater et Gall, sont plus que jamais l'objet des études approfondies des hommes de savoir, et des réflexions des gens du monde, même de ceux qui réfléchissent peu, de résumer ce que renferment de positif et de compréhensible deux divisions importantes de la physiologie psychologique : LA PHYSIOGNOMONIE ET LA PHRÉNOLOGIE. Ces deux divisions d'une même branche du savoir humain ne pouvaient être exposées séparément ;

elles se complètent l'une par l'autre, et pour être étudiées avec fruit, elles doivent l'être parallèlement.

Ce livre comprend, pour cette raison, deux parties distinctes : la première, consacrée à la *Physiognomonie*, dont les principes ont été principalement puisés dans les œuvres de Lavater et dans celles des physiognomonistes qui l'ont précédé ou suivi ; la seconde est remplie par la *Phrénologie*, dont les notions sont prises surtout dans les ouvrages du docteur Gall et des physiologistes de son école.

L'auteur, passionné lui-même pour ce genre d'études si séduisant, comme le sont toutes celles qui se rapportent directement à l'étude de l'homme, s'est complu dans ce travail, il en a fait longtemps son œuvre de prédilection ; il s'est appliqué à la rendre aussi compréhensible que le comporte la nature du sujet, aussi attrayant qu'il ne peut manquer de l'être, dès que les faits s'y montrent dépouillés de l'aridité rebutante des formes purement scientifiques ; il ne peut, en le livrant à la publicité, que souhaiter à ceux qui liront son œuvre autant de plaisir qu'il en a eu lui-même à l'accomplir.

A. YSABEAU.

PREMIÈRE PARTIE

PHYSIOGNOMONIE

CHAPITRE PREMIER

Notions préliminaires.

§ 1. *Définition de la physiognomonie.* — La physiognomonie, dans le sens le plus large de cette expression, est l'étude de l'homme intérieur et moral, par l'observation de l'homme extérieur et physique. L'homme passe sa vie à connaître, désirer, observer, penser, sentir, se passionner, se mouvoir, agir ; c'est le résumé de sa vie intellectuelle et morale et de sa vie physique. Tout cela se résume en signes extérieurs dont chacun a un sens ; c'est, dit Lavater, le spectacle le plus digne d'être vu, de même que l'homme est le spectateur le plus digne de voir. L'antiquité n'a pas méconnu cette vérité, lorsqu'elle a écrit sur le fronton du temple

d'Apollon, le dieu du savoir, le célèbre axiome :
Connais-toi toi-même.

Il est impossible de ne pas admettre dans
l'homme l'existence de deux natures, l'une toute
physique, l'autre toute morale ; l'homme, lorsqu'on le considère seulement au point de vue
des forces animales, se rapproche de la brute ;
il s'en éloigne, au contraire, et révèle le côté
immortel de sa nature par les manifestations
des forces de l'esprit, de l'activité intellectuelle.
Tout cela peut se lire en traits plus ou moins
distincts sur la physionomie humaine.

Qu'est-ce que la physionomie ? C'est l'œil, le
regard, la bouche, la surface du front, soit à
l'état de repos, soit dans l'infinie variété de
mouvements que leur impriment les sensations
et les sentiments. C'est dans cet ensemble qu'il
faut chercher l'expression la plus animée, la
plus parlante, du sentiment, des désirs, des
passions, de la volonté, de tout ce qui constitue l'incommensurable supériorité de la vie
intellectuelle et morale sur la vie animale.

Ceci nous permet déjà d'ajouter quelques
traits plus précis à la définition de la physiognomonie ; elle nous apparaît comme la science
des rapports qui lient l'extérieur à l'intérieur,
la surface visible à ce qu'elle couvre d'invisible.

§ 2. *Réalité de cette science.* — Ici se présente une première objection : cette science
existe-t-elle réellement, ou bien n'est-elle

qu'une chimère, une illusion sans réalité? Un
fait général, sensible aux yeux de tous, et que
personne ne peut nier, atteste la réalité de la
physiognomonie : il n'est personne qui, sans
s'en douter, ne s'en serve à tout moment. En
dépit du proverbe qui dit qu'il ne faut pas juger
les gens sur la mine, on ne fait guère autre
chose, et les langues de toutes les nations de la
terre sont pleines de locutions qui le prouvent.
Ce sentiment, le plus souvent involontaire et
irréfléchi, d'attraction et de répulsion, qu'on
éprouve à la première vue pour ou contre des
gens qu'on ne connaît pas, et qu'il est par conséquent impossible de juger par leurs actions,
c'est le sentiment physiognomonique instinctif,
c'est l'impression bonne ou mauvaise que produit sur nous leur physionomie; le jugement
qu'on porte sur leur compte, à tort ou à raison,
n'a pas d'autre base que la physiognomonie,
appliquée ainsi, à tous les instants de l'existence, par la multitude qui ne la connaît pas,
même de nom. De ce qu'elle donne lieu à de
fréquentes erreurs, il n'y a rien à en conclure
contre son existence; seulement, il est évident
qu'il faut des règles et des principes d'observation, pour éviter, à l'aide d'un examen attentif,
ces erreurs provenant d'un examen trop superficiel.

§ 3. *Préjugés qui lui sont contraires.* —
Bien des préjugés s'élèvent contre la pratique

de la physiognomonie ; le plus plausible et le mieux fondé en apparence est celui qui consiste dans la crainte des jugements hasardés, qu'on peut porter bien à tort contre de fort honnêtes gens malheureusement porteurs d'une physionomie ingrate, et qui valent mieux que leur visage. Il semble, en effet, qu'il y ait là une cause capable de développer outre mesure la disposition, trop commune chez les hommes, à juger défavorablement leur prochain. Mais dans l'application sérieuse des principes de la physiognomonie, c'est le contraire qui a lieu. Il existe assurément bien des gens qui perdent à être connus à fond ; il en est aussi d'autres, et en grand nombre, qui gagnent singulièrement à être attentivement étudiés. Le plaisir qu'on éprouve alors à rectifier son propre jugement, à revenir de ses préventions, à découvrir des qualités estimables là où on ne les soupçonnait pas, réconcilie le physiognomoniste avec le genre humain, et le dispose à pardonner plus aisément aux mauvais côtés de la nature humaine en faveur de ses bons côtés, qui échappent au commun des observateurs. Il n'y a pas de physiognomoniste de bonne foi qui, s'il avait, au début de ses études, le malheur d'être misanthrope, ne cesse de l'être à mesure qu'il y fait de sérieux progrès.

§ 4. *Son utilité.* — On rencontre aussi bien des détracteurs de la physiognomonie, qui, sans l'accuser directement de torts dont il lui est si facile de se disculper, la taxent tout au moins d'étude futile, inutile et vaine. On rappelle à ce propos la réponse d'Archimède à un épicier de Syracuse, qui lui demandait ce qu'il pouvait gagner à étudier sans relâche : « Il faut aimer la science, dit Archimède, non pas seulement parce qu'elle est utile, mais parce qu'elle est divine. » On croit superflu, au temps où nous vivons, de traiter la question générale de l'utilité du savoir, et l'on peut se borner, sans discussion, à affirmer avec Lavater qu'il est bon et utile que l'homme, dans une juste mesure, cède au désir de savoir, et satisfasse son besoin de connaître. Dans certaines positions sociales, la physiognomonie n'est pas seulement utile, elle est indispensable. On peut se demander, par exemple, ce que serait un peintre qui ne s'appliquerait pas à étudier les physionomies pour les traduire sur la toile. On arrive à cette conclusion que, si la peinture n'était physiognomonique, elle n'existerait pas. Sous un rapport plus secondaire, la physiognomonie ajoute beaucoup au charme des relations sociales ; elle éveille les sympathies, par cela seul qu'elle peut les justifier.

« Sans le sentiment physiognomonique, dit Lavater, j'aurais trouvé sur ma route mille obstacles que j'ai heureusement surmontés. »

Ainsi, les inconvénients sont largement com

pensés par les avantages ; et quant à ceux qui étudient à fond la physiognomonie, sans autre but que de satisfaire leur désir de savoir, quand ils n'y gagneraient que l'habitude de l'observation et celle de donner une base à leurs jugements, cela seul serait pour eux un emploi éminemment utile du temps qu'ils pourraient y consacrer. Et combien d'enseignements renferme l'aspect de l'homme, pour qui sait l'étudier! Le cerveau étant le siège de la force pensante, la vie intellectuelle apparaît au dehors dans les contours de la tête, dans la disposition de ses parties solides, par-dessus tout, dans le front. La vie morale se déploie particulièrement dans le jeu mobile des traits du visage, soit dans l'état de calme, soit quand ils sont contractés par le jeu des passions. L'œil est le foyer de la vie intellectuelle, le centre et la somme de toutes les indications de la physionomie ; ces indications sont comme superposées par zones sur la face de l'homme. Le front, jusqu'aux sourcils, réfléchit l'entendement ; le nez et les joues reflètent la vie morale et sensitive ; la bouche et le menton, la vie animale. La bouche fermée, dans l'état de repos complet, réunit et confond les rayons de la physiognomonie.

§ 5. *Facilité des études physiognomoniques.* — Les gens du monde résistent souvent au désir d'approfondir cette science, parce qu'elle leur apparaît hérissée d'innombrables difficultés ; ils se persuadent qu'on ne peut en aborder l'étude que quand on est armé d'avance de tout un arsenal de connaissances variées qui ne sont et ne peuvent être que le partage du petit nombre : ces appréhensions ne sont pas fondées. Lavater avait la vue courte, peu de loisir, un talent fort ordinaire comme dessinateur, une connaissance imparfaite de l'anatomie. « Cependant, disait-il, il se passe à peine un jour qui ne confirme mes observations, et qui ne me permette d'en augmenter le nombre. »

Les difficultés de la physiognomonie n'ont donc rien d'insurmontable ; mais il faut vouloir, et c'est parce que peu de gens savent vouloir que, tandis que le sentiment physiognomonique est commun, et pour ainsi dire universel, les physiognomonistes sont rares, comme l'esprit d'observation, lequel exige, pour condition première, une grande persistance dans la volonté.

§ 6. *Qualités d'un bon physiognomoniste.* — Quant à celui qui veut faire de la physiognomonie son étude principale, dans le but de l'approfondir et dans l'espoir d'en reculer les limites, on résume ici, d'après Lavater, les conditions essentielles qu'il doit réunir. Au physique, il importe qu'il soit exempt d'infirmités corporelles et de difformités, que tous ses sens soient parfaits, spécialement celui de la vue, et que rien ne le prédispose à voir les autres en mal; au moral, il doit avoir un jugement droit, un esprit lucide et un bon cœur; ce dernier point est de beaucoup le plus essentiel.

« Si tes yeux, dit Lavater, manquent de force et de pénétration, pour qu'ils découvrent sur-le-champ les traits de la vertu, les expressions des nobles sentiments, combien de milliers de fois passeras-tu à côté ! Combien de milliers de fois te resteront-ils cachés dans une figure que tel ou tel accident, tel ou tel coup extérieur aura déformée ! »

A plus forte raison, les passions basses, l'inimitié, la vanité, l'envie, l'intérêt personnel, faussent le jugement, empêchent de discerner la trace du bien, et grossissent outre mesure les indices du mal. Il importe aussi que le physiognomoniste ait voyagé, pour multiplier ses sujets d'observations, qu'il ne soit point étranger au dessin, et qu'il possède des notions suffisantes d'anatomie et de physiologie. S'il joint à ces connaissances acquises un cœur à la fois énergique et doux, il est dans les conditions les meilleures pour bien observer.

« Nul, dit Lavater, ne comprendra certainement le regard de la générosité et les traits qui annoncent des vertus sublimes, s'il n'a lui-même des pensées généreuses, nobles, sublimes, et s'il est incapable de grandes actions. »

Tel est l'ensemble de qualités en l'absence desquelles il est difficile de s'adonner avec succès à l'étude de la physiognomonie, dans l'intention de prendre rang parmi ceux qui s'y sont le plus distingués.

§ 7. *Dans quel esprit la physiognomonie doit être étudiée.* — Mais quand même vos vues ne s'élèveraient pas si haut, si vous aspirez seulement à connaître pour votre satisfaction personnelle la physiognomonie et à retirer quelque fruit de cette connaissance, commencez par ne pas la considérer comme un jeu frivole de l'imagination. La vérité accueillie ou repoussée est toujours vérité; un jugement droit ne rend pas vrai ce qui l'était déjà; il est seulement l'affirmation d'une chose vraie; la recherche du vrai, en physiognomonie comme en tout, est chose grave. On ne peut que rappeler à ce sujet la parole de Bernardin de Saint-Pierre : « Il faut chercher la vérité avec un cœur simple; on ne la trouve que dans la nature. »

Ne soyez donc pas découragé par les déceptions et les mécomptes; la plupart des erreurs en physiognomonie ne sont qu'apparentes; elles s'évanouissent devant un examen persévérant. Surtout, sachez vous préserver de tout sentiment haineux envers l'humanité, quand ses mauvais côtés les plus saillants s'offriront trop souvent à vous; la connaissance approfondie de l'homme doit aboutir à l'amour des hommes. Si vous parvenez à connaître pourquoi un homme, pris individuellement, pense et agit d'une façon plutôt que d'une autre; si vous pouvez vous mettre à sa place, vous supposer dans sa situation, dans la structure de son corps, dans sa configuration, ses sens, son tempérament, sa manière de percevoir et de sentir : alors, tout s'explique et devient naturel pour vous; l'intolérance cesse où commence la connaissance lucide de sa nature individuelle; la compassion prend alors la place de la condamnation, et l'indulgence fraternelle celle de la haine.

C'est dans cet esprit qu'il faut aborder l'étude de la physiognomonie.

CHAPITRE II

Des Études physiognomoniques.

§ 1. *Exercices physiognomoniques.* — Il faut, pour étudier la physiognomonie, surtout au début, se faire une loi d'écouter, s'il est permis d'user de cette expression, toutes les impressions que produisent sur nous au premier aspect les traits de ceux que nous cherchons à connaître. L'un des meilleurs exercices, pour fixer ces impressions, c'est celui que conseille Lavater à quiconque possède suffisamment l'art du dessin. Une figure vous a frappé; elle vous semble réunir l'ensemble de formes et de lignes qui dénote la générosité, par exemple. Dessinez cette figure de mémoire, en faisant ressortir principalement ceux d'entre ses traits qui contribuent le plus à la caractériser. Cela fait, dessinez en regard une autre figure du caractère diamétralement opposé, celle d'un

avare, par exemple, en vous appliquant de
même à en rendre saillants les traits caractéristiques. Montrez ces deux dessins à une personne judicieuse, mais tout à fait étrangère aux
études physiognomoniques, et qui ne connaît
l'original d'aucun des deux portraits. Si cet
appréciateur reconnaît dans l'un la générosité,
dans l'autre l'avarice, vous avez observé juste.
Cet exercice, souvent répété, grave très bien
dans la pensée les traits, les formes et les lignes
caractéristiques les plus importantes à retenir.

§ 2. *Moment des observations.* — Deux autres
préceptes non moins importants servent à
rendre les observations fructueuses ; le premier
et le plus essentiel, c'est de savoir choisir le
moment favorable pour chaque observation.
Considérez un homme dans un moment de
calme, puis sous l'empire d'une violente émotion ; tâchez ensuite de le voir à l'instant où il est
contraint de comprimer violemment une explo-
sion de passion, par exemple, quand la présence inattendue d'une personne respectée
vient couper court à un accès de colère. Si vous
avez appris à bien voir, trois observations faites
dans ces trois circonstances diverses vous seront éminemment profitables.

La seconde indication donnée par Lavater,
est relative au choix des individus dont le physiognomoniste fait l'objet de ses études. Il y a
peu de notions utiles à recueillir quand on

observe des gens légers, vains, frivoles, qui parlent volontiers seuls, et répondent avant qu'on leur ait parlé. Observez de préférence la physionomie de l'homme attentif, qui ne tranche pas, écoute aussi volontiers qu'il parle, et ne perd rien de ce qui se dit ou se fait autour de lui. La figure d'un homme attentif, si vous l'étudiez avec soin, peut vous fournir une sorte d'alphabet, à l'aide duquel vous pourrez ensuite déchiffrer une multitude de physionomies humaines.

§ 3. *Objets d'études, en dehors de la figure.* — La figure humaine n'est pas le seul objet des observations du physiognomoniste ; la taille, les attitudes, l'habitude du corps, sont comprises dans les objets de ses études. Il y a des traits d'ensemble qui ne peuvent appartenir qu'aux gens de grande taille, à ceux de taille moyenne, ou aux personnes contrefaites. Cette dernière notion est vulgaire ; montrez au premier venu la tête d'un bossu dont il ne verra pas le reste du corps ; il reconnaîtra du premier coup d'œil un bossu. Ce qui, dans ce cas, est manifesté par des signes tellement prononcés qu'ils n'échappent à personne, peut de même se révéler, quoique d'une façon moins tranchée, pour les individus de taille et de conformation très différentes.

Il faut aussi comprendre, dans les observations, le son de la voix, qui diffère essentiellement selon les tempéraments et les caractères, et qui coïncide d'une manière très remarquable avec les passions, les sentiments habituels et les qualités morales des individus. La voix fournit de très bonnes indications, selon qu'elle est habituellement élevée, profonde, forte, faible, couverte, douce, claire, agréable, naturelle ou fausse. Une particularité remarquable à ce sujet, c'est que, dans toute l'Italie, les caractères de la voix sont marqués sur les passeports, comme faisant partie essentielle du signalement.

§ 4. *La beauté et la laideur.* — Dans le cours des observations qui forment la base des études physiognomoniques, ne vous laissez prévenir ni par la beauté ni par la laideur. Ce point mérite quelques explications. En principe, la vertu embellit, le vice enlaidit ; tout individu, homme ou femme, né avec de beaux traits et une belle conformation, est favorisé entre tous, et n'a qu'à suivre ses inclinations, sans efforts, pour être vertueux ; tout individu né très laid a plus d'efforts que d'autres à faire pour persévérer dans le bien, parce que sa laideur est héréditaire et qu'on hérite du tempérament comme de la forme du visage. Les enfants d'un homme enlaidi par le vice et les mauvaises passions, s'il épouse une femme à la fois bonne et belle, pourront être bien moins laids que lui ; leur laideur cessera même d'être déplaisante, si les mauvais penchants qu'ils peuvent avoir sont combattus et domptés par l'éducation. A la troisième génération, il pourra rester chez les petits-enfants des traces de la laideur de leur grand-père ; mais, s'ils en sont séparés par deux générations d'honnêtes gens, ils feront de plus en plus retour vers la beauté, qui est l'œuvre de Dieu, comme la laideur est l'œuvre de la dépravation humaine. Donc vous pourrez rencontrer dans le monde des gens décidément laids et remplis de bonnes qualités ; vous pourrez rencontrer dans les bagnes quelques figures de gens de bien, et dans les maisons de correction des figures de femmes d'une incontestable beauté. Mais, examinez-les bien, tâchez surtout de voir l'expression de leur physionomie en présence d'une très mauvaise action ; vous verrez alors à quel point ils diffèrent des mêmes types observés chez ceux qui n'ont point failli, et les signes extérieurs de leur déchéance, malgré leur beauté physique encore très frappante, ne pourront vous échapper (*voy*. note A). De même, observez la laideur la plus prononcée, illuminée par l'élan d'une passion noble, en présence d'une action grande et généreuse, vous verrez percer le genre de beauté sublime qui accompagne toujours la vertu : il n'y a pas à s'y tromper.

§ 5. *Idéal d'un visage humain*. — Il est très utile à celui qui débute dans les études physiognomoniques, de se bien pénétrer de l'idéal d'un visage humain réunissant les lignes les plus heureuses, les proportions les plus harmonieuses, l'expression des qualités les plus éminentes portées à leur degré le plus élevé. Cet idéal a été tracé par Lavater dans les lignes suivantes, trop remarquables pour qu'on se refuse à les transcrire en entier :

« Si dans une figure, dit Lavater, tu trouves les traits suivants, chacun séparément et bien prononcés, et tous ensemble dans leur rapport convenable, sois assuré d'avoir trouvé une figure presque surhumaine :

1º Égalité frappante entre les trois sections ordinaires du visage : le front, le nez et le menton.

2º Le front terminé horizontalement, en conséquence les sourcils presque horizontalement disposés, serrés et hardis.

3º Des yeux bleus ou brun clair, qui, à quelques pas de distance, semblent noirs, et dont les paupières supérieures couvrent la pupille d'environ un cinquième ou un quart.

4º Un nez dont le dos est large, presque parallèle, et cependant un peu exhaussé.

5º Une bouche horizontale dans l'ensemble, dont la lèvre supérieure et la ligne centrale s'abaissent au milieu doucement, et cependant à quelque profondeur, et dont la lèvre inférieure n'est pas plus grande que la lèvre supérieure.

6° Un menton rond et saillant.

7° Des cheveux courts, brun foncé, et crépus par grandes portions. »

La réunion de tous ces traits est excessivement rare ; à l'exception du dernier caractère seulement, le moins important de tous, on les

Fig. 1.   Fig. 2.

retrouve complets dans la figure de Napoléon Ier (fig. 1), que Lavater aurait pu voir très jeune, mais qu'en fait il n'avait jamais vu.

Quant à la beauté féminine, si l'on analyse en le comparant aux données formulées par Lavater, le visage de madame Récamier, la plus jolie femme du commencement de ce siècle (fig. 2), on y reconnaît tous les traits de la perfection, bien qu'il soit impossible d'y trouver la plus légère ressemblance avec la figure de Napoléon Ier.

§ 6. *Aspects de la figure à étudier.* — On recommande, pour les observations auxquelles on attache une grande valeur, de ne jamais s'en tenir à considérer tout l'ensemble du visage ; il y a trop de choses à voir à la fois. Il est plus profitable de regarder la figure de profil, de chaque côté séparément, puis, de se rendre compte de la signification particulière de chacun de ses traits.

L'étude séparée de chacun des traits du visage et de leur sens distinct, est sans contredit la base la plus solide des études physiognomoniques.

Votre premier, votre plus constant sujet d'étude, celui dont vous disposez toujours et que vous ne parviendrez jamais à assez bien connaître, c'est vous-même. Étudiez les rapports des lignes de votre visage avec vos émotions, vos sentiments, vos passions ; rendez-vous compte des modifications que peuvent éprouver ces lignes, depuis l'état de calme pris pour base, jusqu'à celui de la plus violente agitation. Il faut donc vous regarder fréquemment dans une glace fidèle, et vous dessiner, sous l'empire des impressions les plus diverses. Il va sans dire que ce conseil n'a rien de commun avec la manie du fat qui se regarde sans cesse pour se complaire dans la contemplation de ses propres traits, celui dont un poète comique a pu dire avec autant d'esprit que de vérité :

Quand vous n'êtes point vu, vous courez au miroir,
Et vous vous régalez du plaisir de vous voir.

C'est, au contraire, sans aucun sentiment de
vanité, quand même on se croirait favorisé de
la nature, qu'il faut s'étudier au physique, de
même qu'il faut faire abstraction des mêmes
préjugés lorsqu'on veut se juger et se bien connaître au moral.

On résume ici quelques-uns des conseils
pratiques les plus utiles pour l'étude de la physiognomonie.

Il faut exercer son sentiment physiognomonique, l'aiguiser, analyser ses impressions, les
ramener à une forme qu'il soit possible de re-
présenter, c'est-à-dire déterminer les signes
visibles des facultés invisibles. Il faut chercher
à découvrir les changements de la face humaine
sous l'empire de diverses impressions, et les
traduire par le dessin. On s'efforce d'arriver
par là à la certitude quant à la connaissance
des formes et des traits du visage qui sont com-
patibles ou incompatibles avec les divers degrés d'intelligence et les caractères différents
de l'humanité. On doit s'habituer à saisir et
à mesurer, dans les contours de la figure et du
corps humain, les rapports et les proportions
des lignes droites et des lignes courbes de ces
contours.

§ 7. *Procédé par description.* — Pour étu-

dier un individu en particulier, faites-en
d'abord une description par écrit, dans laquelle
aucun trait, aucun détail de chacun des traits
ne doit être oublié. Sur cette description, et en
l'absence du modèle, dessinez-le; puis comparez le dessin à l'original. Deux points des
plus importants dans tout dessin de figure
tracé en vue d'étudier la physiognomonie, ce
sont d'une part le passage du front au nez, de
l'autre la transition du nez à la bouche; il est
bon de s'exercer à dessiner ces deux passages
isolément d'après un grand nombre de figures
dont les caractères généraux sont bien connus.

La base du front, considérée comme la
somme des innombrables contours du crâne,
est une ligne fondamentale qui exprime toute
la capacité et toute la perfectibilité de l'homme
en santé. De sorte, dit Lavater, que l'œil d'un
parfait physiognomoniste, regardant de sa
fenêtre toute une foule passant dans la rue,
pourrait, d'après ce signe, en lire les caractères
individuels. Il est nécessaire, pour cette raison,
de s'exercer constamment à dessiner des fronts
en grand nombre, de face ou de profil.

Il y a aussi beaucoup de fruit à retirer de
l'étude de l'expression donnée à la figure
humaine dans les tableaux des grands maîtres;
on s'exercera donc à copier, dans les figures du
Titien, le naturel, la noblesse, le sublime;
dans Michel-Ange, l'orgueil, le dédain, la force

concentrée; dans le Guide, l'amour calme, pur, céleste; dans Rubens, la fureur, la force, la fougue des passions; dans Raphaël, un sublime inimitable. On peut ensuite, à loisir, comparer ces études d'après les grands maîtres aux figures qui s'en rapprochent le plus, parmi celles qu'on a eu occasion de dessiner d'après nature.

EXERCICES

Celui qui veut développer en lui le sentiment physiognomonique ne peut y réussir qu'en exerçant ce sentiment sans interruption, sans même attendre qu'il ait gravé dans sa mémoire les principes destinés à servir de base à des études plus avancées. On doit prendre à cet effet, pour objet de ses observations, des figures très fortement accentuées, par exemple, deux hommes de génie, l'un rude, énergique et vigoureux, *Albert Durer* (fig. 3); l'autre poétique, élevé, divin, malgré ses inégalités (fig. 4), *William Shakspeare*; deux hommes d'esprit, mais d'un esprit, opposé, *Sterne* (fig. 5), l'homme aux insaisissables saillies, le spirituel auteur du *Voyage sentimental*, et

Moncrif (fig. 6), le secrétaire de la reine Marie Lekzinska, l'homme essentiellement de bon

Fig. .   Fig. 4.

ton et de bonne compagnie. Comme contraste, on placera en regard de ces figures remarqua-

Fig. 5.   Fig. 6.

bles à des titres si divers, celle d'un monstre, *Attila* (fig. 7), et celle d'un *sot complet* (fig. 8), esquissé par Lavater, sans le nom du modèle.

Quant au portrait d'Attila, il n'est pas bien prouvé que le terrible roi des Huns, le fléau de Dieu, ait jamais posé; il suffit que la figure qu'on lui attribue réunisse au plus haut

Fig. 7.   Fig. 8.

degré l'expression féroce du génie qui se complaît dans le mal.

Il faut s'appliquer aussi constamment à saisir, entre deux portraits du même personnage, les nuances dépendant du plus ou moins de talent de l'artiste, et qui font que l'un vous impressionne vivement, tandis que l'autre vous laisse froid et sans émotion d'aucune espèce. Lavater en donne pour exemple deux portraits au trait du célèbre navigateur anglais l'*amiral Anson* (fig. 9, A—B).

« Combien, dit-il, ces deux têtes, si ressemblantes pour l'œil inexercé, offrent peu de res-

semblance à l'observateur! » Tous deux, ces
portraits reproduisent avec assez de fidélité les
traits d'Anson pour qu'ils soient reconnais-
sables. Mais dans le portrait A, le front manque de pensée, l'œil de hardiesse, le nez de
distinction ; dans le portrait B, l'élévation dans

Fig. 9 A.   Fig. 9 B.

la pensée, la hardiesse dans les conceptions,
le courage à toute épreuve dans l'exécution, se
lisent en traits si bien marqués, qu'il n'est pas
possible de les méconnaître.

On examine aussi, tout près l'une de l'autre,
deux figures offrant l'expression de deux caractères opposés de tout point. Tels sont, par
exemple, les portraits de *Philippe d'Orléans,
régent de France* (fig. 10), et de *Gustave-
Adolphe, roi de Suède* (fig. 11). Le premier,
dessiné pendant la jeunesse du prince, est une

figure capable de tous les écarts où peut faire tomber la prédominance des sens.

Le second est bien l'actif chef de parti, le guerrier plein de ressources et de génie qui, sans sa mort causée par un crime, fondait la plus grande puissance de son temps. « C'est

Fig. 11.

Fig. 10.

bien, dit Lavater, la vraie figure d'un héros, d'une prompte activité. Née pour dominer, cette figure peut devenir rude; elle deviendra difficilement petite. »

Puis, à côté de ces deux types si divers, au physique aussi bien qu'au moral, étudiez les visages placides de ces deux bonnes gens, homme et femme (fig. 12 et 13). N'y cherchez pas la beauté; elle est absente, comme la laideur; mais cherchez-y, avec la certitude de les trouver, et au degré le plus prononcé, toutes les qualités qui commandent l'estime, la probité,

2.

la bonne foi, la bonté d'âme, un esprit droit et
ouvert. « Celui, dit Lavater, qui refuse à de

Fig. 13.

Fig. 12.

telles figures de l'estime et de la confiance,
n'en mérite certainement pas lui-même. »

Fig. 14.

Fig. 15.

Vous pouvez alors étudier les signes de
l'effroi mêlé d'horreur, dans les figures 14, 15,
16 et 17, qui reproduisent, sous des formes

variées, ces deux impressions réunies. Revenez ensuite à une figure calme, pleine d'un pro-

Fig. 16.

Fig. 17.

fond esprit d'observation ; ce sera, par exemple celle de Lavater (fig. 18) dessinée par lui-même.

Fig. 18.

CHAPITRE III

Des parties isolées de la physionomie humaine.

§ 1. *Traits à étudier dans la physionomie humaine.* — Chaque trait du visage est doué d'une valeur physiognomonique qui lui est propre, et dont il est nécessaire de se rendre compte séparément. Il y a lieu d'examiner sous ce rapport *le front, les yeux, les sourcils, le nez, la bouche, les dents, le menton, les joues, les oreilles, le cou, les cheveux.*

§ 2. *Le front.* — Deux choses sont à considérer dans le front, au point de vue de la physiognomonie : la charpente osseuse et la peau qui la recouvre. La charpente osseuse du front contient des indications précises sur le caractère, les sentiments habituels et la façon de penser de chaque individu. Toutes les formes de fronts, formes variables à l'infini, peuvent être rangées en trois divisions comprenant les fronts *fuyants*, ou inclinés en arrière, les fronts *perpendiculaires* ou droits, et les fronts *bombés* ou proéminents. La grande étendue du front dans le sens horizontal dénote la faculté d'embrasser un grand nombre d'objets, mais en même temps un défaut d'énergie dans la volonté. Un front serré, court, compact, est le signe d'une grande fermeté dans le caractère. Si les lignes du front, quelle que soit sa forme, sont arrondies et dépourvues d'angles, c'est le front d'un homme d'un caractère doux, se pliant facilement à celui des autres; des lignes anguleuses indiquent la fermeté, poussée jusqu'à la dureté.

Un front complètement perpendiculaire, de la racine des cheveux à la naissance du nez, n'est pas, comme beaucoup de gens le supposent, le signe d'une grande intelligence; un tel front accompagne au contraire le plus souvent des facultés très bornées; un front droit n'est l'indice d'une grande supériorité intellectuelle que quand il s'arrondit doucement vers le sommet. Un front très proéminent, saillant et arrondi, dénote, sinon l'imbécillité complète, au moins une grande faiblesse intellectuelle.

L'imagination, l'esprit et la délicatesse accompagnent souvent les fronts inclinés en arrière, pourvu qu'ils ne le soient pas avec exagération.

La susceptibilité, la violence et la froideur, sont fréquemment indiquées par un front perpendiculaire dans son ensemble et très bombé au sommet.

La forme particulière du front qu'on nomme *front arqué*, beaucoup moins fréquente chez l'homme que chez la femme, indique la clairvoyance et la pénétration. Ce serait, dit Lavater, un front penseur, si la faculté de penser profondément pouvait appartenir aux femmes. Cette réflexion manque de galanterie; il est permis de ne pas être en ce point de l'opinion de Lavater.

Lorsque, dans les contours du front, les lignes droites et les lignes arquées se confondent insensiblement et que le front n'est ni trop droit ni trop incliné, le front ainsi dessiné accompagne le plus souvent la sagesse humaine à son degré le plus élevé. Les fronts sensiblement carrés annoncent en général un caractère ferme et sûr, allié à beaucoup de prudence. Dans l'étude physiognomonique du front, toute forme droite indique la force, la roideur et en même temps l'intelligence; toute forme courbe dénote la faiblesse, la flexibilité, la prédominance des sens.

Enfin Lavater résume de la manière suivante l'exposé des conditions d'un front, selon lui, parfaitement beau, exprimant la noblesse des sentiments et une vaste intelligence :

Point de rides, si ce n'est sous l'empire de l'affliction ou de l'indignation.

Un peu de saillie vers le bas et d'inclinaison en arrière vers le haut.

Vu d'en haut, il doit présenter un arc régulier, parfaitement pur.

La peau qui le recouvre doit être sensiblement plus claire que celle des autres parties du visage.

Il faut se méfier des fronts courts, ridés, noueux, irréguliers, enfoncés d'un côté, échancrés, et qui, lorsqu'ils se rident sous l'influence de diverses impressions, ne se plissent jamais deux fois de la même manière.

Les fronts aussi disgracieux sont heureusement fort rares.

On doit aussi prendre en considération les rides, non pas, bien entendu, celles qui sont le signe et le résultat du grand âge, mais celles qui, dans l'âge mûr, et quelquefois même dès la jeunesse, se montrent sur beaucoup de fronts. Les rides sont en général perpendiculaires, horizontales, droites ou arquées, selon la forme du front ; elles aident le physiognomoniste à discerner cette forme, souvent masquée par l'épaisseur et la rugosité de la peau du front, et à en tirer les déductions, selon les indications exposées ci-dessus.

§ 3. *Les yeux.* — On doit plus s'attacher, quant à la valeur physiognomonique des yeux, à leur forme qu'à leur couleur. Lavater exprime l'opinion conforme à celle de tous ceux qui l'ont précédé, que les yeux bleus sont l'indice de la faiblesse et de la mollesse, et les yeux bruns ou noirs, le signe de la force et de l'énergie. On peut objecter que dans toute la Scandinavie (Suède, Norvège, Danemark), et dans tout le nord de l'Allemagne, il n'y a pour ainsi dire que des yeux bleus, et que néanmoins les hommes énergiques et vigoureux sont aussi communs dans cette partie de l'Europe que partout ailleurs. Lavater s'étonne que les Chinois et les naturels des Philippines, qui ont presque tous les yeux noirs, soient, dit-il, les peuples les plus voluptueux, les plus paisibles et les plus paresseux de la terre. C'est là une erreur causée par la rareté des communications avec l'Orient de l'Asie du temps de Lavater. Aujourd'hui que l'émigration chinoise vient remplacer les nègres dans les colonies des régions intertropicales, nous savons que, loin d'être paresseux, le Chinois, aux yeux bruns ou noirs, est un aussi rude travailleur que le meilleur ouvrier européen.

Une rare intelligence et un esprit subtil sont indiqués par des yeux bien ouverts, allongés, et terminés en pointe du côté du nez; les yeux dont la paupière supérieure dessine un arc régulier à plein cintre, indiquent la timidité, la faiblesse, mais en même temps beaucoup de délicatesse et un excellent naturel ; les yeux de ce caractère sont fréquents chez les femmes, surtout chez celles qui ont peu vécu dans le monde.

Les hommes calmes et craintifs et les hommes hardis, d'un caractère ardent, peuvent également avoir des yeux très ouverts, laissant à découvert une partie du blanc au-dessous de la prunelle. Mais chez les gens timides, l'œil est beaucoup plus échancré et la paupière plus charnue. Chez les gens courageux, l'œil est plus hardiment dessiné, moins échancré, avec des paupières moins charnues et plus courtes. Une observation attentive saisit aisément ces différences.

On peut consulter, sur la valeur physiognomonique et l'expression des yeux, BUFFON, WINCKELMANN (De l'Art des Grecs, 53), GEORGES DAUMER (Dissertatio de Oviloquio, Altorf, 1702), et SCIPION CLARAMONTIUS (Semeiotica moralis), liv. VI, ch. 9, De oculis eorumque aspectibus, Lyon, 1704).

Aristote (liv. XVII, ch. 11) dit tout crûment que ceux qui ont les yeux gros et saillants sont bêtes, et qu'au moral ainsi qu'au physique, ils ressemblent à des ânes.

Un trait fort important et qui se rapporte à toutes les couleurs et à toutes les formes possibles des yeux humains, c'est la mobilité d'expression. Les yeux dont l'expression reste constante et ne se modifie que sous l'impression de circonstances graves, indiquent la constance, la fixité dans les idées, la solidité de caractère; les yeux très mobiles, dont l'expression varie à tout instant et sans sujet déterminé, dénotent constamment un caractère frivole, inconstant, léger, et dépourvu de qualités solides.

§ 4. *Les sourcils.* — Comme dépendance et accompagnement des yeux, les sourcils ont une influence puissante sur l'expression de toute la physionomie. D'un point de vue général, des sourcils régulièrement arqués accompagnent la beauté modeste chez la femme, et des sourcils horizontaux, en ligne droite, font partie de la bonté virile. Les sourcils épais et compacts dénotent chez l'homme la fermeté et la décision du caractère. L'observation attentive ne justifie pas l'opinion populaire qui attribue aux personnes des deux sexes dont les sourcils se rejoignent, un penchant prononcé pour la jalousie. Cette forme de sourcils est regardée comme une grande beauté chez les deux sexes par les Arabes; ceux qui ont la malheureuse passion de la jalousie, n'ont pas plus souvent cette conformation que tous ceux qui en sont exempts; les sourcils qui se rejoignent ne sont pas plus communs qu'ailleurs en Espagne, en Portugal et en Sicile, chez les peuples de l'Europe les plus sujets à la jalousie.

Les sourcils très relevés, qui partagent, pour ainsi dire, le front en deux parties égales, sont l'indice de beaucoup de vanité et d'impertinence, avec peu de bon sens, surtout quand, avec cette disposition, les sourcils sont minces et peu fournis. L'ardeur et l'activité d'un esprit productif sont souvent indiquées par des sourcils anguleux, fortement accentués.

Quand les sourcils sont très éloignés des yeux, ils accompagnent fréquemment la mobilité des idées et la légèreté du caractère.

Sous l'influence d'émotions et d'impressions diverses, les sourcils effectuent, indépendamment de leur forme habituelle, des mouvements qui peuvent avoir une grande signification ; ils se relèvent d'ordinaire pour exprimer le dédain, le mépris, la haine et l'orgueil, et donnent alors à l'ensemble de la physionomie une expression des moins agréables, en effaçant toute trace de bienveillance.

Pour se former une juste idée de la valeur physiognomonique des sourcils, et se donner de bons termes de comparaison, quant aux figures humaines qu'on se propose d'étudier, il faut considérer attentivement les sourcils des hommes d'un caractère connu, dans la figure desquels les sourcils tiennent la place la plus importante. Tels sont spécialement les portraits de *Turenne* (fig. 19), du *Titien* (fig. 20), du chancelier *Oxenstiern* (fig. 21), de *Boi-*

leau (fig. 22), du *Tasse* (fig. 23) et de *New-
ton* (fig. 24).

Fig. 19.

Fig. 20.

§ 5. *Le nez*. — C'est le trait le plus saillant
de la physionomie, celui qui, dans la figure

Fig. 21.

Fig. 22.

humaine, contribue le plus à l'expression générale, sans en excepter les yeux. La petitesse

des narines accompagne presque toujours la timidité excessive, et peu de capacité, peu d'ap-

Fig. 23.

titude pour les grandes entreprises. Quand la partie du nez comprise entre sa racine et sa

Fig. 24.

pointe, ce qu'on nomme en physiognomonie l'épine du nez, est large, qu'elle soit droite ou courbée, elle dénote des facultés peu ordinaires.

D'après Lavater, le nez, pour pouvoir être considéré comme étant d'une beauté parfaite, dénotant le plus heureux ensemble de belles qualités, doit réunir les propriétés suivantes :

Longueur égale à celle du front.

Léger enfoncement à sa racine.

Épine généralement large, un peu plus large à partir du milieu, en se dirigeant vers la pointe.

Bout ni trop pointu, ni trop large, ni dur, ni trop charnu ; le contour inférieur très purement dessiné.

Ailes du nez distinctes quand on regarde le nez de face.

Le bas du nez égal au tiers seulement de sa longueur, lorsqu'il est vu de profil.

Narines arrondies à leur partie postérieure, bien terminées en pointe à la partie antérieure.

On peut assurément citer de grands hommes, Socrate chez les anciens, Boerhaave chez les modernes, dont le nez ne satisfaisait à aucune de ces diverses conditions ; leur réunion complète est excessivement rare ; on les rencontre néanmoins au plus haut degré dans le nez de Napoléon Iᵉʳ et dans celui du Titien, quoique d'un caractère totalement différent, et, à des degrés affaiblis, dans ceux de *Cassini* (fig. 25), d'*Annibal Carrache* (fig. 26), et de *Fra Paolo Sarpi*, l'historien du concile de Trente (fig. 27).

§ 6. *La bouche.* — Il y a beaucoup d'enseignements à puiser dans l'observation de la

Fig. 25.

Fig. 26.

bouche humaine, soit lorsqu'elle parle, soit

Fig. 27.

dans les instants de silence, souvent plus élo-
quents que la parole.

C'est, en raison de sa mobilité, plus grande

encore que celle de l'œil, la partie de la figure
humaine la plus difficile à bien observer. Pour
bien se rendre compte de l'expression d'une
bouche humaine et de son sens physiognomonique, il faut considérer séparément la lèvre
supérieure, la lèvre inférieure, la ligne de jonction des deux lèvres fermées naturellement et
sans compression, le centre de la lèvre supérieure, celui de la lèvre inférieure, les deux
extrémités formant ce qu'on nomme vulgairement les coins de la bouche.

La forme et la consistance des lèvres ont des
rapports directs et très remarquables avec le
caractère moral des individus; des lèvres
molles et mobiles accompagnent un caractère
mou, changeant, indécis ; des lèvres fermes
sont l'indice de la fermeté du caractère. Il n'y
a ni bassesse, ni fausseté, ni méchanceté réfléchie à craindre de celui dont les lèvres grandes
et fortement prononcées sont appuyées sur une
ligne de jonction dont les sinuosités, ferme-
ment dessinées, sont parfaitement égales à
partir du milieu de la bouche.

Les lèvres minces, habituellement serrées,
qui donnent à la bouche fermée l'apparence
d'une ligne horizontale presque droite, dénotent le sang-froid et l'esprit d'ordre, mais aussi
des dispositions à l'inquiétude et à l'avarice.

La bouche plus souvent fermée qu'ouverte
indique la prudence et la réflexion. L'un des

signes les plus ordinaires de la bonté et de la bienveillance habituelle, c'est une légère proéminence de la lèvre supérieure, débordant un peu le milieu de la lèvre inférieure. Dans les instants où l'homme hardi doit faire preuve de courage, ses lèvres se ferment naturellement, quand même cette disposition, en toute autre circonstance, ne lui serait pas ordinaire. Dans les moments de calme, la bouche presque toujours fermée, sans affectation, est le signe particulier de la résignation. Néanmoins, dans les observations de ce genre, il faut avoir égard aux circonstances. Il est tel individu, parmi les femmes principalement, qui, fortement comprimé par son entourage, garde forcément le silence et tient ses lèvres constamment serrées, ce qui donne à sa bouche une expression et des contours différents de ce que cette partie du visage serait naturellement sous l'empire de circonstances différentes, qui laisseraient au caractère individuel sa libre expansion.

Lavater attache une importance particulière, au point de vue de l'expression physiognomonique, à la partie de la lèvre supérieure, qu'il nomme *courtine* ou *pallium*, et qui commence à peu près à la moitié de l'intervalle entre le nez et la bouche. Quand le pallium, qui le plus souvent est droit ou presque droit, est fortement creusé, comme il l'est dans la bouche de Napoléon Ier vue de profil, il indique toujours, soit en bien, soit en mal, des qualités d'une rare énergie ; ce signe ne peut se rencontrer sur la figure d'un homme ordinaire.

§ 7. *Les dents.* — On attache, en général, peu d'importance aux indications qui peuvent résulter de l'observation des dents, à l'exception du franc rire, qui les met forcément en évidence. Les dents, pendant le silence, ne sont pas visibles, et les peintres, ainsi qu'on peut s'en assurer en jetant les yeux sur les tableaux des plus grands maîtres, peignent rarement des figures où les dents sont visibles. Mais, dans la fréquentation des hommes, comme il leur est impossible de parler sans laisser voir leurs dents, l'observateur physiognomoniste ne peut manquer d'avoir occasion de les examiner : c'est une des parties de la physionomie humaine qui échappent le plus complètement à la dissimulation,

Les dents blanches et bien rangées, qui ne débordent pas les lèvres quand la bouche est ouverte ou entr'ouverte, accompagnent la bonté et une politesse bienveillante. Le mauvais état des dents, quand il n'est pas le résultat d'une maladie ou d'un âge avancé, est l'indice de quelque imperfection morale. Chez les gens froids, flegmatiques, dépourvus de sensibilité, la gencive supérieure se montre au-dessus des dents lorsqu'ils ouvrent la bouche ; c'est une indication qui ne doit point être négligée. C'est un préjugé de croire que des dents petites et courtes sont toujours le signe d'un tempérament délicat et dépourvu de vigueur : l'observation prouve que cette forme des dents existe fréquemment chez les personnes des deux sexes robustes et bien constituées.

§ 8. *Le menton.* — Cette partie du visage est expressive, et l'on peut compter sur les indications physiognomoniques qu'elle fournit ; car, étant moins mobile que les autres parties du visage, elle ne donne pas lieu à la dissimulation, qui, pour d'autres traits, peut, jusqu'à un certain point, dérouter les observations du physiognomoniste peu expérimenté. Le plus grand nombre des mentons paraît arrondi à la première vue ; les mentons carrés, aplatis ou pointus sont des exceptions ; ouvrez vingt passe-ports, vous lirez sur dix-neuf signalements : nez ordinaire, *menton rond*, visage ovale. Quand le menton sensiblement rond est accompagné d'une fossette au centre, il est le signe de la bonté. Il dénote la sensualité lorsqu'il est double ou triple, surtout chez les gens d'un âge encore peu avancé. Les mentons anguleux appartiennent en général à des gens prudents et adroits, ou quelque chose de plus. Une incision droite au milieu du menton indique une raison froide et un caractère qui résiste aisément aux entraînements de l'enthousiasme.

D'un point de vue général, un menton plus

ou moins saillant et proéminent indique des qualités positives et un développement très prononcé de celles de ces qualités qui se lisent sur le reste des traits du visage. L'indication contraire résulte du menton rentrant ou reculé ; il dénote des qualités morales très effacées, ou même l'absence de ces qualités. Un menton aplati indique, chez les femmes surtout, la froideur et la sécheresse du tempérament. Quoique les mentons terminés en pointe soient à juste titre regardés comme indiquant la ruse et la finesse, ils peuvent appartenir aux figures d'ailleurs les plus loyales et les plus franches ; dans ce cas, si vous étudiez les actes de ceux qui sont dotés d'un semblable menton, vous reconnaîtrez qu'ils développent une rare sagacité dans l'art d'obliger les autres, et de faire le bien sous mille formes adroites et intelligentes ; c'est la finesse appliquée au bien, contre son ordinaire.

§ 9. *Les joues.* — On ne peut pas considérer les joues comme faisant partie des traits du visage auxquels elles servent d'encadrement. Elles contribuent cependant, et d'une manière très frappante, à exprimer les sensations et les sentiments. Le chagrin les creuse, la sensualité les gonfle, la bêtise et la grossièreté y laissent pour empreinte de larges sillons ; le physiognomoniste y lit, tracées en ondulations doucement entre-croisées, les signes de la sagesse, de l'expérience et de la délicatesse d'esprit.

Les indications que la physiognomonie peut puiser dans l'examen des joues y peuvent être prises dans l'état de mouvement comme dans le repos absolu. Le contour de la partie de la joue qui s'étend de l'aile du nez jusqu'au menton, marque le dédain, la compassion ou la bonté de cœur, selon la manière dont il est plus ou moins droit, arrondi, prononcé ou effacé ; il parle si éloquemment des qualités morales les plus précieuses, que seul, s'il est bien compris, il peut suffire pour faire naître le respect et l'affection. Il peut se rencontrer dans les joues un léger enfoncement de forme à peu près triangulaire ; c'est, à part les autres signes physiognomoniques du visage, la marque de la jalousie et de l'envie ; cette marque trompe très rarement. Un léger tressaillement vers la partie de la joue placée immédiatement au-dessous de l'œil, désigne un cœur naturellement sensible, porté à la générosité et incapable de concevoir aucun sentiment méprisable ou de commettre une bassesse. Cette disposition des joues concourt à la grâce du sourire. Lavater fait observer avec raison, à ce sujet, que la grâce du sourire humain sert en quelque sorte de thermomètre pour la bonté du cœur et la noblesse du caractère.

§ 10. *Les oreilles*. — C'est la partie du visage que les physiognomonistes ont le moins étudiée, et dont ils ont le moins bien précisé les indications.

L'oreille a cependant, à coup sûr, sa signification en physiognomonie, d'autant plus que l'oreille, mobile chez la plupart des animaux, est immobile chez l'homme, et ne se prête sous aucun rapport à la dissimulation. La forme intérieure ou extérieure de l'oreille, sa cavité, sa position détachée de la tête ou appliquée contre sa paroi, sont autant de particularités qui diffèrent, comme les autres traits, selon les physionomies individuelles. Pour les étudier, il faut dessiner, à plusieurs reprises et avec beaucoup de correction, les oreilles d'un homme de mérite et celles d'un sot; les modèles pour ces études ne manquent pas.

§ 11. *Le cou.* — On a reconnu de tout temps l'influence des lignes, des contours et de la position du cou, sur l'ensemble de la figure et son expression physiognomonique. Edith au cou de cygne, la bien-aimée du malheureux roi Harold, et plusieurs autres beautés célèbres de l'antiquité et du moyen âge, ont dû leur renommée à ce genre particulier de beauté. Certains cous semblent construits tout exprès pour forcer la tête à se tenir en avant ou en arrière, redressée ou inclinée; il y a le plus souvent harmonie entre cette disposition du cou et les traits principaux du caractère. Un cou saillant en avant, même quand il n'est pas goîtreux, n'accompagne jamais de grandes facultés intellectuelles.

§ 12. *Les cheveux.* — Il n'est personne qui ne connaisse l'opinion vulgaire qui croit que les gens porteurs d'une chevelure rousse sont nécessairement tout bons ou tout mauvais. La chevelure indique le tempérament, et, dans certaines limites, les facultés de chacun, avec assez de précision. Tout homme dont les cheveux sont très longs, très fins et très soyeux, manque d'énergie physique et morale ; son caractère et ses sentiments se rapprochent de ceux de la femme. L'amour de l'ordre et l'application peuvent se rencontrer, mais sans être associés à beaucoup d'intelligence, à une forêt de cheveux noirs, plats, gros, épais, et qui se refusent à toute espèce de frisure. La couleur des sourcils diffère quelquefois très sensiblement de celle des cheveux. Quand cette différence est très prononcée, elle indique un ensemble de qualités dans lesquelles les bonnes ne sont pas en majorité, et dont il est permis de se méfier.

EXERCICES

Les yeux, le nez et la bouche, en raison du grand nombre d'indications précises qu'on peut y trouver, méritent d'exercer tout particulièrement l'attention du physiognomoniste.

Les données fournies par les yeux bien des-

Fig. 28.

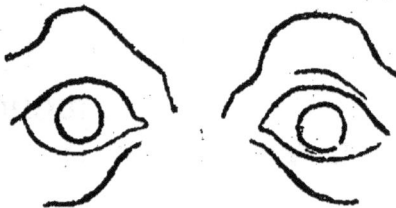

Fig. 29.

sinés au simple trait, sont généralement très sûres. Les yeux représentés figures 28 et 29 sont les extrêmes limites de l'œil bestial et de l'œil humain ; ils ne sauraient rien exprimer, si ce n'est, par moments, un étonnement sans intelligence ; il n'est pas possible d'y lire autre chose ; jamais de tels yeux ne trahissent une pensée.

Fig. 30.

L'œil court et arrondi (fig. 30) dénote le courage, la vigueur, la résolution ; il appartient à

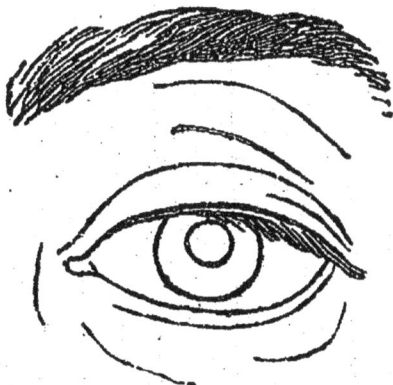

Fig. 31.

un homme d'un tempérament à la fois bilieux et nerveux. L'œil oblong, mais bien ouvert (fig. 31), a moins de courage et de résolution

que le précédent ; mais il dénote plus de calme,
de prudence, de réflexion.

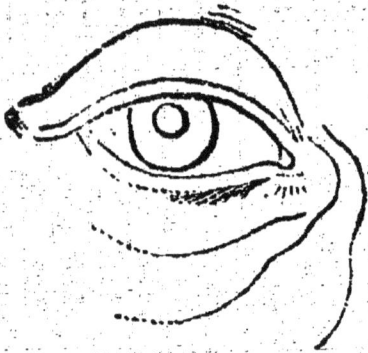 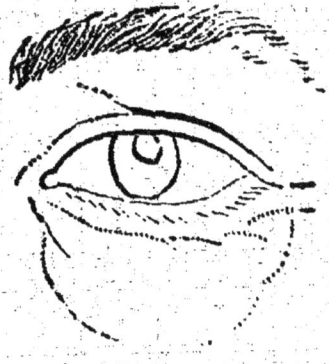

Fig. 32.   Fig. 33.

Les deux yeux de face (fig. 32 et 33), et l'œil
de profil (fig. 34), quoique fort différents entre
eux, ont tous trois un regard du même genre et

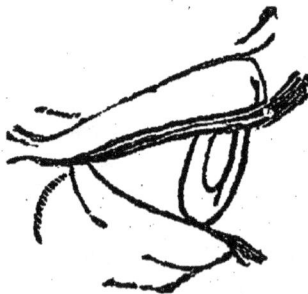

Fig. 34.

du même sens, perçant, observateur, devenant
aisément soupçonneux. L'application, l'exactitude, l'amour de l'ordre, l'aversion la plus prononcée pour tout ce qui est étourderie ou témérité, se lisent également dans ces trois regards.

Les deux yeux de la figure 35 expriment la douleur et l'abattement, indépendamment de leur caractère habituel.

Fig. 35.

Les nez, quant aux renseignements que la physiognomonie peut puiser dans leur étude, sont rangés par Lavater en trois classes :

a. — Les nez dont la partie inférieure présente une ligne sensiblement horizontale. Ce sont ceux qui réunissent le plus de beauté et de sens spirituel, à la distinction et à la noblesse ; ce sont aussi les plus rares.

b. — Les nez dont le contour inférieur se relève. Ils sont plus communs, moins distingués, et indiquent moins d'intelligence.

c. — Les nez dont la pointe s'abaisse sensiblement. Ils dénotent, avec une intelligence étendue, des dispositions à la satire et à la mélancolie.

Les nez très longs accompagnent toujours des mentons saillants, et réciproquement il est toujours possible, connaissant ou le nez ou le

menton, d'en déduire le caractère du menton et
du nez qu'on n'a pas vus.

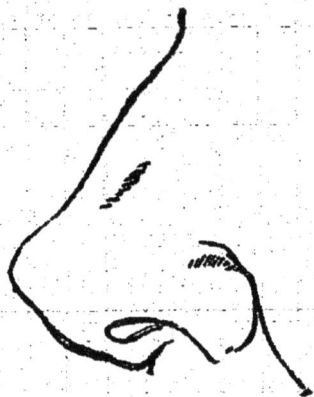

Fig. 36.

Les nez représentés figures 36, 37 et 38
annoncent tous les trois beaucoup de sagacité,

Fig. 37.

d'activité et de prudence : ces qualités sont
surtout indiquées par les ondulations et les en-
foncements à peine sensibles de leurs contours.
Le nez figure 36 est prudent et pourtant sujet

à la colère ; le nez figure 37 a plus de douceur et est moins exposé à céder à l'emportement ; le nez figure 38 est celui des trois qui dénote le

Fig. 38.

plus de finesse ; c'est évidemment celui d'un homme difficile à tromper.

Fig. 39.

La bouche, pour que ses indications soient certaines, doit être très nettement dessinée. Celle que représente la figure 39 est une de celles dont on rencontre le plus fréquemment des spécimens dans la bonne compagnie, chez toutes les nations civilisées. Elle réunit à une politesse bienveillante une humeur spirituelle et une grande facilité d'élocution.

La bouche figure 40, encadrée à dessein dans le bas du visage dont elle fait partie, est une

Fig. 40.

des mieux caractérisées ; les modèles n'en sont malheureusement pas rares. « C'est ainsi, dit Lavater, que le dédain creuse la bouche ; voilà

Fig. 41.

bien comme il se grave en traits ineffaçables dans la physionomie.

La bouche figure 41, d'un caractère non moins prononcé, est celle d'un homme de cabinet, fin, prudent, plein de goût, s'élevant sans peine au besoin jusqu'à la véritable éloquence.

Les deux figures 42 et 43 sont du même caractère que la précédente ; il s'y joint une grande
douceur et un cachet évident de modestie.

Fig. 42.

Fig. 43.

Les deux bouches figures 44 et 45 marquent
très bien, la première, la finesse alliée à la dou-

Fig. 44.

Fig. 45.

ceur, et la seconde, beaucoup de grossièreté
avec un peu de ruse.

Fig. 46.

La bouche figure 46 indique une grande
réserve et une disposition assez prononcée à
l'obstination.

Les deux bouches de profil, figures 47 et 48,
habituellement entr'ouvertes, portent les signes

Fig. 47.   Fig. 48.

d'une bonté peu intelligente, accompagnée
d'une grande faiblesse de caractère.

CHAPITRE IV

Indications physiognomoniques fournies par le crâne.

§ 1. *Etude du crâne vu de profil.* — La connaissance approfondie du crâne, et les rapports de ses protubérances avec le degré d'intelligence et les facultés de l'homme, sont le trait d'union entre la physiognomonie et la phrénologie. La valeur significative des protubérances du crâne sera exposée dans la seconde partie de cet ouvrage avec tous les développements que nécessite son importance particulière, pour l'appréciation de l'homme moral par l'étude de l'homme extérieur. (Voyez *Phrénologie.*)

Sans sortir du domaine de la physiognomonie proprement dite, on peut déjà puiser de précieux renseignements dans l'examen des contours extérieurs du crâne. Il y a effectivement, entre les crânes humains considérés iso-

lément, des différences aussi nettement tranchées, aussi profondément accusées, que celles
qui peuvent exister entre toutes les parties de
l'homme complet, d'un individu à un autre.
Ces différences sont sensibles, même quand on

A

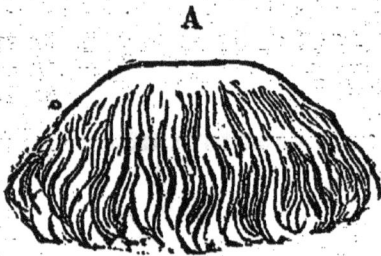

B

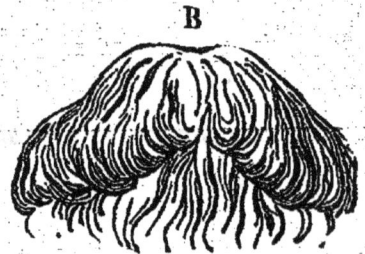

Fig. 49.

Fig. 50.

considère seulement une partie du crâne recouverte de toute sa chevelure. En voici pour

C

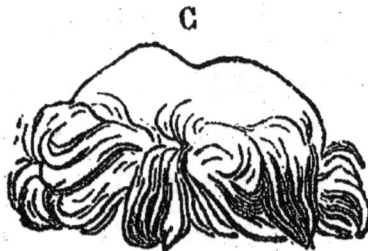

Fig. 51.

exemple les sommets de trois crânes dont les
différences ne peuvent échapper à personne.

A (fig. 49) représente le crâne d'un homme
de peu de moyens, sans être précisément un
imbécile.

B (fig. 50) appartient à un homme d'une intelligence très développée.

C (fig. 51) est le crâne de Locke, le profond penseur anglais.

L'extrême différence des contours extérieurs

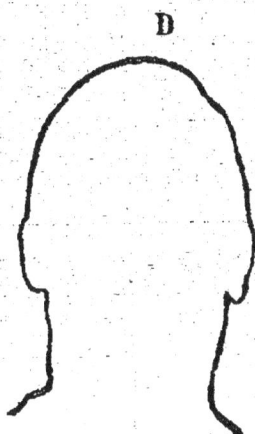

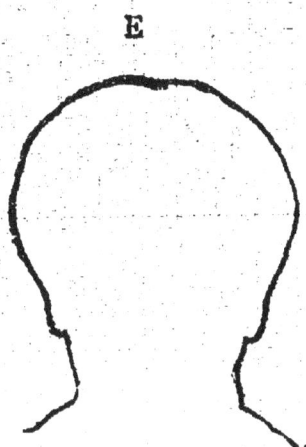

Fig. 52.   F   Fig. 53.

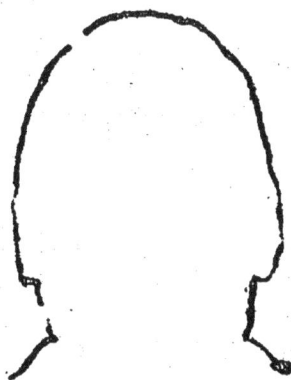

Fig. 54.

de ces trois crânes se laisse aisément deviner sous la chevelure qui les couvre.

§ 2. *Crânes chauves.* — Ces différences se montrent encore plus apparentes quand les têtes, objet de l'examen du physiognomoniste, sont complètement chauves. C'est ce que représentent les trois dessins aux traits D, E, F (fig. 52, 53 et 54). Le crâne D est celui d'un homme de beaucoup de sens et d'esprit, aux idées nobles, justes et élevées, mais peu favorisé sous le rapport de la mémoire. Le crâne E appartient à un poète, homme d'imagination plus que de raisonnement, quoique doué d'un génie original. Le crâne F, dont toutes les parties et l'ensemble contrastent si vivement avec les deux précédents, est celui d'un sot complet, dans toute l'acception de ce terme. La différence de manière dont chacun de ces crânes est attaché au corps est également remarquable. Le cou de D est trop long et en même temps trop charnu; celui de E est moins gros, moins long, mieux en harmonie avec le crâne qui le surmonte; celui de F est si gros et si court qu'il semble ne pas exister, et que la tête paraît sortir immédiatement des épaules. Que de choses, au point de vue de la physiognomonie, dans une simple ligne dessinant le contour du crâne d'un homme chauve !

Les dessins détaillés des crânes complets ne sont pas moins instructifs. Voici les crânes d'un *Allemand* (fig. 55), d'un *Indien* (fig. 56), d'un *nègre* d'Afrique (fig. 57), et d'un *Tartare kalmouck* (fig. 58). Les qualités si différentes de ces divisions de la race humaine se lisent en grande partie sur leurs crânes représentés de face ou de profil.

Le crâne allemand réunit tous les caractères

généraux de la race européenne; les différences qui le distinguent des crânes des autres
races sont si tranchées, qu'elles ne peuvent

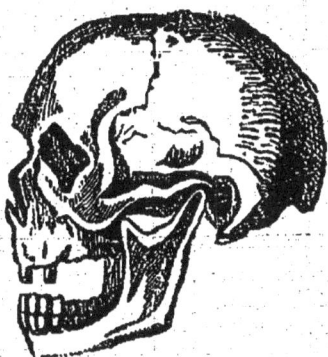

Fig. 55.

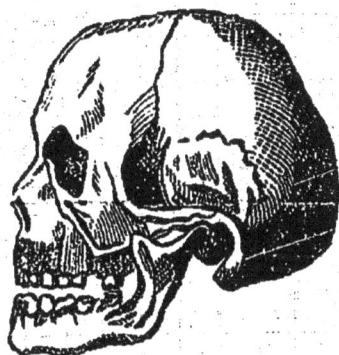

Fig. 56.

échapper à personne. L'occiput, c'est-à-dire la
partie postérieure de ce crâne, est beaucoup

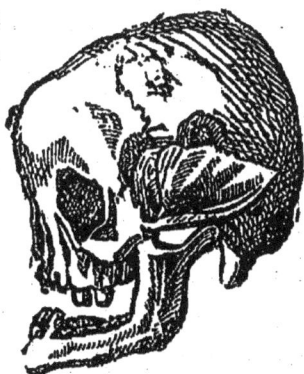

Fig. 57.

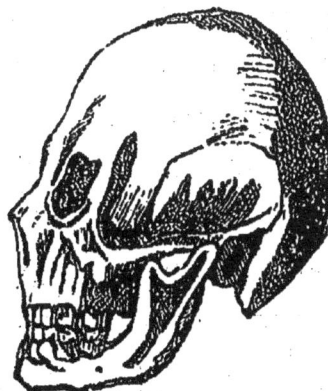

Fig. 58.

plus développée que sa partie antérieure. La
forme du front est remarquablement intelligente; elle correspond aux meilleures des conditions décrites ci-dessus pour la physiognomonie du front.

Le calme, la réflexion, l'activité raisonnée, ont dû être les qualités dominantes de l'homme auquel ce crâne a appartenu ; on peut se le figurer comme un homme honnête et loyal, à peu près à égale distance de la sottise et du génie.

Que de différences saisissantes entre ce crâne et celui de l'Indien ! En les examinant, on voit tout d'abord la supériorité intellectuelle de l'Européen, et les principaux caractères de cette supériorité. La voûte du crâne est plus haute et beaucoup moins large ; l'occiput est beaucoup moins développé ; mais ce qui frappe surtout dans le crâne indien, c'est la force extraordinaire des mâchoires et de tous les os de la face, contrastant en ce point avec la finesse et la délicatesse relative des mêmes os dans le crâne européen. « Ce crâne indien, dit Lavater, est plus construit que le précédent pour des plaisirs grossiers et sensuels, et bien moins pour des jouissances délicates et morales. »

Dans le crâne de l'Africain, l'occiput est bien moindre encore que dans celui de l'Indien ; il est à une distance énorme de celui de l'Européen. L'inspection de ce crâne montre la cause de l'aplatissement du nez et de la grosseur des lèvres en saillie, ainsi que la proéminence des pommettes, caractères généraux du visage des nègres d'Afrique. Les os du nez sont si courts, et les cavités des dents tellement en évidence, que quiconque verrait ce crâne, n'ayant jamais vu de nègre, ne pourrait s'empêcher de conclure de son aspect, que l'homme auquel il a appartenu avait un nez plat, de grosses lèvres, et les pommettes très saillantes. La disproportion est évidente entre le front et les autres parties du profil. Considérez tout le profil moins le front, c'est celui d'un homme tout à fait inintelligent ; mais le front d'un dessin correct compense ce défaut, et en effet, par l'éducation, beaucoup de nègres deviennent des gens d'une capacité plus qu'ordinaire.

A l'aspect du crâne du Kalmouck, on se sent en présence d'une race essentiellement différente des autres divisions de la race humaine. L'occiput est aussi gros, par rapport au front, qu'il est petit dans le crâne du nègre. Chez le Kalmouck, c'est la partie antérieure de la tête qui est remarquablement petite ; la hauteur du front est à peine la moitié de l'élévation moyenne du front d'un Européen. L'os du nez est si court, si effacé, que, dans le crâne du Kalmouck vu de profil, il ne donne même pas la faible saillie encore très sensible dans le profil du crâne du nègre. L'œil est enfoncé dans une cavité profonde ; mais ce qui choque surtout, ce qui permet de reconnaître que ce crâne a dû appartenir à un homme d'une laideur exagérée, c'est la saillie du menton, formé d'ailleurs d'un os assez faible, et terminé en pointe, de sorte que, du sommet du front à l'extrémité du menton, le profil de ce crâne dessine une longue courbe concave, qui est l'opposé du profil des autres crânes, sans excepter celui du nègre. Tout, dans ce crâne, indique l'infériorité des facultés intellectuelles et la prédominance des instincts de la force brutale.

§ 3. *Signes de brutalité féroce dans le crâne.* — Ce qu'il y a de singulier, c'est que l'ensemble de ce crâne, considéré de face ou de profil, exprime l'absence du courage, bien qu'il appartienne à une race nomade qui fut longtemps guerrière et conquérante. Mais, quoique cela semble un paradoxe, l'un n'empêche pas l'autre. Djen-Gis Kan et Timur-Lenng, le Boiteux, ont pu parcourir, dévaster et soumettre une partie de l'Asie, rien que par les masses de leurs armées, sans grande bravoure personnelle.

Les nomades, dont les Kalmoucks font partie, sont et doivent toujours avoir été au nombre de 5 à 6 millions ; car leur genre de vie, qui exclut l'industrie et la culture, ne rend pas possibles de grandes variations dans le chiffre de la population. Or, du temps de Djen-Gis et de Timur, il n'y avait en Asie aucun peuple en état de résister à 5 ou 6 cent mille cavaliers qui écrasaient tout sous les pieds de leurs chevaux, sans supposer à chacun d'eux, en particulier, rien qui ressemble à une véritable valeur militaire.

Ainsi, l'expression de brutalité sans courage, dans le crâne du Kalmouck, n'a rien que de naturel ; elle a pu et dû exister chez ces masses formidables de cavalerie auxquelles il suffisait de se lancer au galop sur des ennemis incapables de leur résister, et qui, comme l'atteste l'histoire, étaient à la fois féroces et lâches. On sait que les habitants d'une ville qui se trouvait sur le passage de Timur, sortirent au-devant de lui et se prosternèrent, en le suppliant de leur laisser la vie. Timur fit passer et repasser sa cavalerie sur ces malheureux, jusqu'à ce qu'ils fussent écrasés ; puis il brûla la ville, et alla plus loin en faire autant. Le crâne de Timur le Boiteux devait ressembler au crâne du Kalmouck, et dénoter les mêmes instincts.

§ 4. *Observations d'André Vésale sur les crânes.* — Parmi les anciens, aucun naturaliste ne paraît s'être occupé de la valeur physiognomonique de la forme du crâne. André Vésale, le célèbre anatomiste du seizième siècle, a seul, parmi les modernes, antérieurement à Lavater, paru entrevoir cette valeur. Il a fait dessiner avec un soin remarquable plusieurs crânes très différents entre eux et bien caractérisés. Selon Vésale, la forme normale du crâne, celle qu'il nomme forme *naturelle*, est celle que représente la fig. 59. C'est, en effet,

un crâne européen aux proportions les plus régulières ; il a dû appartenir à un homme de

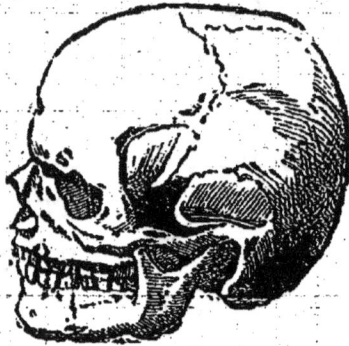

Fig. 59.

sens et d'esprit, doué au plus haut degré des
plus heureuses facultés.

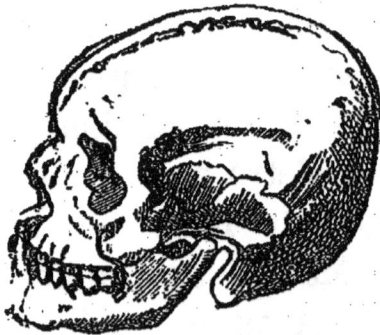

Fig. 60.

Dans la fig. 60, que Vésale considère comme
la première forme *non naturelle* du crâne,
l'ensemble bombé et la brièveté de la voûte du
crâne dénotent des facultés beaucoup plus limi-
tées.

Les crânes représentés fig. 61 et 62 s'éloignent de plus en plus de la forme normale du
crâne humain.

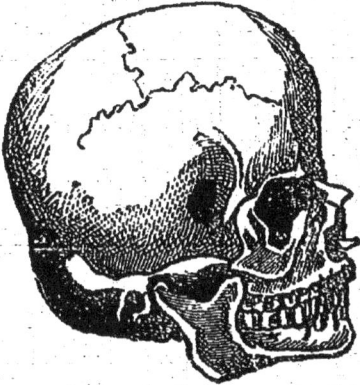 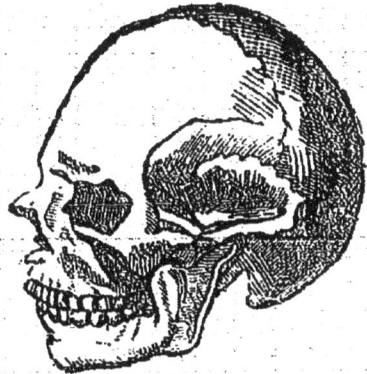

Fig. 61.   Fig. 62.

Dans le crâne, fig. 63, dont les types existant
en réalité sont heureusement très rares, le front
droit, presque sans inflexion à sa partie supé-

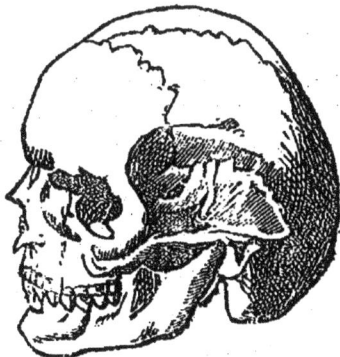

Fig. 63.

rieure, et le creux sensiblement dessiné vers la
base par l'occiput, annoncent la bêtise associée
à l'entêtement avec très peu de sensibilité.

Il est à regretter pour la science de la physiognomonie qu'André Vésale n'ait pas appliqué son génie, si profondément observateur, à
développer plus largement cet ordre d'idées
qu'il ne fait qu'indiquer en passant. Celui qui
fut avec tant de hardiesse et de succès le père
de l'anatomie pathologique, était, comme le
montrent les dessins précédents et les notes
dont il les avait accompagnés, sur la bonne
voie pour donner un base solide aux études
physiognomoniques, en ce qui concerne les
formes variables du crâne.

CHAPITRE V

§ 1. *Rapport des physionomies aux tempéraments humains.* — On ne trouve dans Lavater que des indications assez peu précises sur les rapports de la physionomie avec les divers tempéraments humains : Lavater n'était pas médecin ; il n'était que peu versé dans la connaissance de la physiologie, telle qu'elle existait de son temps ; on sait que, même du nôtre, cette division du savoir humain laisse énormément de lacunes à combler. Lavater en est encore aux quatre éléments d'Aristote, et, bien qu'il en reconnaisse l'insuffisance et l'inexactitude, il admet, parce qu'elle était universellement admise à l'époque où il écrivait, la classification des tempéraments d'après la prédomination plus ou moins prononcée du feu, de l'air, de l'eau ou de la terre : il n'y a point à

5

Fig. 64.

s'y arrêter. Toutefois, la distinction actuellement reçue des tempéraments en sanguins, nerveux, bilieux et lymphatiques, et celle beaucoup plus importante entre les tempéraments naturels et les tempéraments acquis, n'enlèvent rien à la justesse des observations de Lavater sur les rapports des physionomies et des divers tempéraments.

Voici, fig. 64, quatre hommes, chacun d'un tempérament différent, qui regardent un tableau représentant Napoléon debout sur le rocher de Sainte-Hélène, dont la base est battue par les vagues de l'Océan. L'homme sanguin et nerveux est le plus vivement impressionné; sa figure, son attitude, ses gestes, disent éloquemment : Vengeance! L'opposé de celui-ci, l'homme au tempérament lymphatique, est atterré plus qu'indigné : il s'est laissé tomber dans un fauteuil. Son voisin, la tête baissée, les bras pendants, est moins lymphatique, mais faible, et presque aussi abattu. Le quatrième, d'un tempérament nerveux et délicat, est profondément ému de la plus grande infortune du siècle; il pleurera beaucoup le sort de Napoléon : il ne tentera rien pour le venger. Ces nuances correspondent assez bien à celles des tempéraments intermédiaires entre le tempérament ardent, sanguin et nerveux, et le tempérament purement lymphatique.

§ 2. *Irritabilité des tempéraments.* — Un

point de vue très-juste de Lavater au sujet des tempéraments, c'est la distinction qu'il établit quant à leurs degrés différents d'irritabilité. En rapportant ses observations à la classification actuelle, on la trouve éminemment ;vraie. L'homme au tempérament bilieux et nerveux (le colérique de Lavater) est le plus irritable de tous, pour toute sorte de causes et à tous de-grés ; il est de sa nature insensible au danger, et porte la bravoure personnelle à l'extrême, sans aller toutefois jusqu'à la témérité, apanage du tempérament purement sanguin. Le tempé-rament nerveux est irritable jusqu'au plus violent emportement inclusivement; on trans-crit en entier le passage suivant, tant il se rapporte exactement à l'homme d'un tempéra-ment lymphatique.

« Le flegmatique, dit Lavater, n'est irritable, ni à une grande distance, ni à une grande hau-teur, ni à une grande profondeur; il ne marche qu'approximativement ; il ne se dirige que vers ce qu'il peut atteindre tranquillement, à son aise, et sans aller loin ; son chemin est uni, son horizon petit, ou, du moins, il n'est jamais vaste ; il fait difficilement un pas de plus qu'il ne faut ; indifférent à tout ce qui ne le regarde pas, estimant peu ce qui ne saurait directement l'intéresser, il vit on ne peut mieux dans une philosophie vulgaire, économico-épicurienne ; l'absence de la douleur physique et de l'action, *indolentia*, comme disaient les anciens, est, à vrai dire, le bien suprême du flegmatique, comme il est celui d'Épicure. »

Quant à l'expression physionomique, elle existe très-éloquente dans les lignes du front, vu du profil, lignes qui peuvent être droites ou courbes, perpendiculaires, ou plus ou moins inclinées, jusqu'à l'horizontale. Si l'on joint

Fig. 64 *bis*, 65, 66, 67.

aux contours du profil du front quelques-unes de ses lignes fondamentales, on obtiendra une expression juste du degré d'irritabilité, c'est-à-dire, en réalité, du tempérament. On en voit des exemples saillants dans les profils de fronts d'hommes de tempéraments divers ; la figure 64 *bis* représente le front d'un homme au tempérament lymphatique au plus haut degré possible ; c'est celui du vrai flegmatique, tel que l'a caractérisé Lavater.

La fig. 65 porte tous les signes du tempérament essentiellement sanguin.

Les fig. 66, 67, 68 et 69 sont des profils de fronts d'hommes nerveux et bilieux, à des degrés différents.

Les fig. 70, 71 et 72 se rapportent à des tempéraments nerveux, au plus haut degré d'irritabilité.

Sans offrir une précision bien rigoureuse, ces données ont leur valeur. Dans le cours des études physiognomoniques, on a très fréquemment occasion de voir et de dessiner des fronts de profil, et quand même on ne serait pas de première force en dessin, on arrive aisément à rendre par le crayon les lignes caractéristiques, faciles ensuite à comparer avec ce qu'on connaît du tempérament des individus qu'on étudie.

Fig. 68, 69, 70, 71, 72.

§ 3. *Indices de force et de faiblesse.* — Les signes physiognomoniques de la force et de la faiblesse ne sont pas moins utiles à étudier que ceux des divers tempéraments que la vigueur ou la débilité peuvent accompagner à des degrés très divers. L'homme fort est celui qui exerce le plus d'action sur les autres et qui résiste le mieux à l'action des autres. L'homme faible est celui dont l'action sur les autres est faible ou presque nulle, et qui ne peut résister à leur action.

La force humaine se présente sous deux formes extérieurement très distinctes l'une de l'autre ; c'est ce qu'on nomme la force tranquille et la force vive. L'essence de la force tranquille, c'est le calme et l'immobilité. « Il y a, dit Lavater, des hercules qui, constitués d'os et de nerfs, sont serrés, fermés, compacts et doués d'une force de colonne. » On ne peut mieux caractériser la force tranquille.

La force vive est essentiellement élastique, tantôt complètement immobile, tantôt d'une extrême mobilité. Il y a des hommes doués au plus haut degré de ce genre de force, dont l'extérieur n'a rien de commun avec celui d'un hercule de profession. Quand on leur résiste, ils réagissent avec une vigueur élastique bien supérieure à celle que leur apparence peut faire supposer. En général, toutes les fois que, dans un homme qui semble taillé en hercule, la contexture des muscles est molle et relâchée, il n'y a pas de force réelle : c'est un signe extérieur facile à distinguer.

On peut considérer comme les indices certains d'une force calme, solide et permanente, les signes suivants :

Taille bien prise, dans des proportions régulières, plutôt au-dessous qu'au-dessus de la la moyenne ; épaisseur du cou, largeur des épaules, charpente osseuse du visage visible dans l'état de parfaite santé, tout homme au visage gras et rebondi n'est jamais réellement fort ; front plutôt court et serré que trop allongé horizontalement ; sinus frontaux bien prononcés, sans être trop proéminents ; partie centrale du front sensiblement aplatie ; dents peu espacées entre elles, lèvres serrées, dont la supérieure est légèrement débordée par l'inférieure ; menton large bien dessiné, fortement proéminent ; occiput très-saillant. L'homme d'une vigueur plus qu'ordinaire a de plus une attitude habituelle calme et assurée, une démarche ferme et une voix de basse-taille.

Quant à la force vive qui ne se manifeste pas, à moins qu'elle ne soit vivement surexcitée par une cause accidentelle, elle ne peut être appréciée qu'au moment de sa plus grande activité. Cette force habituellement latente, qui peut se produire subitement à un moment donné, existe le plus souvent chez des individus d'une apparence faible, plutôt maigres que trop corpulents, et ordinairement d'une taille au-dessus de la moyenne, au teint brun, d'ailleurs peu coloré, aux mouvements vifs et rapides, à la parole brève, au regard perçant et très expressif, aux lèvres serrées et la plupart du temps exactement closes. C'est faute de donner à ces signes de la force vive une attention suffisante, que bien des gens massifs et puissants, dans une lutte passagère, trouvent leur maître en fait de vigueur physique, là où ils croyaient avoir affaire à des êtres faibles, incapables de tenter de leur résister.

§ 4. *Signes particuliers de la faiblesse.* — Les signes physiognomoniques de la faiblesse réelle sont souvent masqués sous des formes massives, présentant, quand on les examine superficiellement, les apparences de la force. Les plus certains d'entre ces signes sont une taille d'une longueur démesurée; une charpente osseuse mince, recouverte de chairs épaisses; la mollesse de la peau, les formes plus ou moins arrondies des contours du front et du nez, la petitesse relative du menton et du nez, particulièrement des narines, la longueur et la forme cylindrique du cou; une sorte de balancement, d'incertitude dans les gestes, les allures et la démarche; un regard dépourvu d'assurance; des yeux habituellement à demi fermés, des sourcils très pâles et une chevelure d'un blond fade. Ces signes ne se trouvent pas souvent tous réunis; mais là où ils se rencontrent en grande partie, on peut compter que la force n'est qu'apparente et que la vigueur des individus n'est point en rapport avec leur stature et leur volume.

§ 5. *Effets extérieurs de l'entraînement.* — Il n'entre pas dans notre sujet de développer ici la théorie de l'entraînement (*training*), méthode que les Anglais appliquent avec des résultats si remarquables aux hommes comme aux chevaux. On sait que les boxeurs anglais, préparés de longue main par le régime de l'entraînement, sont amenés par degrés au maximum de la force physique possible. En étudiant la figure de quelques-uns des plus célèbres boxeurs de la Grande-Bretagne parfaitement entraînés, on peut aisément y reconnaître, bien qu'ils ne soient jamais d'une taille au-dessus de la moyenne, tous les signes de la vigueur corporelle, tels qu'on vient de les indiquer; et si l'on venait à rencontrer un de ces modernes athlètes, on ne pourrait s'empêcher de se dire en le voyant : cet homme est un boxeur.

Le résultat le plus saillant de l'entraînement chez ceux qui se destinent au métier de lutteur, c'est la solidification de la peau et des muscles, poussée à tel point que les coups qu'ils reçoivent n'y produisent pas d'ecchymoses, ce qui leur donne dans la lutte un avantage très important. Cette solidité des muscles et du tissu cutané se voit extérieurement, soit sur les traits du visage, soit dans les gestes, la démarche, et tout l'ensemble de l'habitude du corps; elle est clairement accusée dans le dessin en pied d'un boxeur irlandais, fig. 71 *bis*, et dans le buste d'un célèbre boxeur anglais, fig. 72 *bis*.

§ 6. *Séméiotique des passions.* — De même que les médecins les plus illustres, depuis les temps les plus reculés jusqu'à nos jours, se sont appliqués à tracer, sous le nom de *séméio-tique*, le tableau des signes extérieurs qui ca-tactérisent l'état de l'homme atteint à divers degrés de telle ou telle maladie, les physiogno-monistes ont esquissé ce qu'on pourrait nommer la séméiotique des passions, travail encore

Fig. 72 *bis*.   Fig. 71 *bis*.

trop peu avancé, reposant d'ailleurs sur des bases trop peu certaines pour qu'il soit pos-sible d'y puiser des indications offrant les ca-ractères de la certitude. On en donne comme spécimen le portrait de l'envie et de ses effets sur l'homme extérieur, tel que l'a tracé Zim-mermann.

« L'envie manifeste déjà ses effets dans les enfants. Ils en deviennent tout misérables et maigres, et ils tombent aisément dans une ma-ladie de langueur. L'envie ôte l'appétit, le

sommeil, et dispose aux mouvements fiévreux.
Elle rend mélancolique, haletant, impatient,
inquiet; elle gêne la respiration. La bonne renommée d'autrui, dont elle cherche à se venger
par un mépris et un dédain simulés, reste sus-
pendue sur sa tête, comme l'épée de Damoclès.
Elle voudrait torturer les autres à toute heure,
tandis qu'elle est elle-même torturée à toute
heure. Le bouffon lui-même devient sombre,
quand l'envie, ce démon, commence à opérer
en lui, et qu'il voit l'inutilité de ses efforts pour
abaisser le mérite auquel il ne peut atteindre.
Ses *yeux* roulent dans leur orbite, il baisse le
front, il devient aigre, grondeur, et la *bouche*
pendante. Néanmoins, certains envieux arrivent à un âge avancé; réfugiés dans l'antre
d'ou ils exhalent leur venin, inspirés par d'innombrables furies, ils ont profité de toutes les
occasions pour faire le mal; ils ont déversé
leur salive infernale, autant qu'ils l'ont pu, sur
toute action bonne, sur tout nom respectable;
ils ont défendu la cause de tous les méchants;
ils ont, pendant leur longue carrière, battu en
brèche toutes les notions du juste et de l'in-
juste; ils ont fait saigner dans leurs entrailles
l'innocence la plus pure et la vertu la plus
avérée : voilà pourquoi ils se trouvent bien,
lors même que leurs figures ressemblent à
l'abîme et leurs têtes à des balais renversés. »
Ce passage souvent cité, et reproduit dans le

grand ouvrage de Lavater, semble néanmoins trop pauvre dans sa partie descriptive, et ne laisse pas dans l'esprit un dessin assez net des traits spéciaux qui caractérisent la physionomie de l'envieux. La physiognomonie des autres passions, au point de vue descriptif, est encore moins avancée.

CHAPITRE VI

Physionomies nationales. — Ressemblances de famille.

§ 1. *Caractères des physionomies natio-nales.* — On ne peut pas plus contester l'exis-tence des physionomies nationales que celle des caractères nationaux, quoique dans les ag-glomérations d'individus qu'on nomme des nations, il y ait nécessairement une infinie variété de physionomies comme de caractères.

En France, outre les traits généraux qui font que, entre mille individus appartenant à d'autres nations, l'œil exercé ne peut manquer de re-connaître un Français, il y a les physionomies provinciales, qui sont aussi, mais en sous-ordre, des figures nationales.

Pour n'en citer que deux exemples, le Nor-mand et le Gascon ont gardé très distinct leur visage national. Allez en Danemark et en Nor-vège, vous y retrouverez l'œil bleu ou vert, la chevelure blonde ou rousse et la mâchoire carrée du Normand de France; vous y remarquerez le belle carnation des femmes et jusqu'à la coiffure élevée des belles Cauchoises, avec leur chevelure touffue, ramassée en rond derrière la tête. La raison historique du fait est évidente.

Les pirates scandinaves, ancêtres des Normands, n'ont pas seulement conquis la partie de la France où leur nom s'est conservé : ils l'ont repeuplée après en avoir presque anéanti la population gallo-romaine. Le roi des Francs de ce temps-là ne leur a cédé qu'une contrée rendue par eux presque déserte, car, selon l'expression naïve d'un chroniqueur, ils ravageaient le pays à fond, tuaient tout, emportaient tout, « et ne laissaient-ils la terre que parce qu'ils ne la savaient emporter. »

Ainsi la population normande actuelle descend presque sans mélange de la race des pirates du Nord; elle en a conservé les traits nationaux.

Le Gascon, directement issu des anciens Vascons dont il a conservé le nom presque sans altération, est essentiellement gallo-romain; peu mélangé avec les races du Nord, il conserve, comme au temps de ses luttes prolongées contre la conquête romaine, les yeux noirs, les cheveux bruns, le nez aquilin, l'expression de finesse, de ruse et de sagacité spirituelle, qui lui permet de dire proverbialement au Normand :

« Quand les dindons de mon pays vont à la chasse, c'est pour prendre les renards du vôtre. »

§ 2. *Grandes divisions des physionomies des races humaines.* — Dans les observations physiognomoniques, il faut faire la part des traits de la physionomie nationale, provinciale, locale même (car il y a des arrondissements où tout le monde se ressemble), et séparer par la pensée ce qui, dans les traits du visage, appartient exclusivement à la physionomie individuelle.

Les grandes divisions dans lesquelles sont comprises les nations les plus nombreuses du globe sont les races *caucasienne, tartare, malaise, indoue, éthiopienne,* et *américaine.* Chacune de ces races se distingue autant par la diversité des traits que par la coloration de la peau. Le type caucasien, répandu avec divers mélanges dans toute l'Europe et une partie de l'Asie, est le seul qui soit essentiellement blanc ; c'est aussi celui chez lequel les traits individuels sont les plus variés. Dans la race tartare, tout le monde se ressemble à tel point qu'un Européen a de la peine à distinguer l'un de l'autre deux Kalmoucks, deux Mongols ou deux Chinois du même âge. Les fig. 73, 74 et 75, représentent le Kalmouck, le Mongol et le Chinois. Le type *malais* (fig. 76) et le type *indou*

(fig 77) ne sont pas moins uniformes ; la variété
se retrouve dans la race américaine à peau

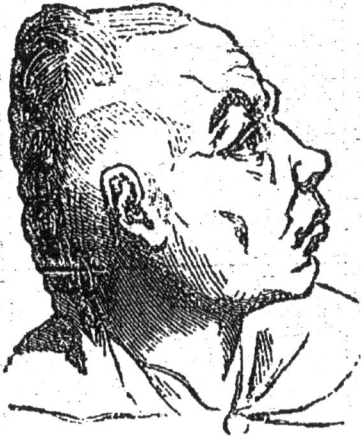

Fig. 74.   Fig. 73.

rouge, mais seulement de tribu à tribu. Nous
avons vu à Paris une compagnie d'Indiens

Fig. 75.   Fig. 76.

Osages qui ont vivement excité la curiosité publique ; ceux d'entre eux qui étaient du même

âge et de même taille, lorsqu'ils portaient tous
le même costume, ne pouvaient être distingués

Fig. 77.   Fig. 78.

les uns des autres; tant les détails de leurs
traits et l'ensemble de leur physionomie sem-

Fig. 79.   Fig. 80

blaient identiques. Les figures 78, 79 et 80 représentent trois de ces sauvages à divers âges,

et avec des coiffures différentes; l'identité du type est frappante.

Osages. La race éthiopienne offre le même caractère d'identité par tribus. Ceux qui fréquentent les côtes d'Afrique ne peuvent confondre, à première vue, un *Mandingue* avec

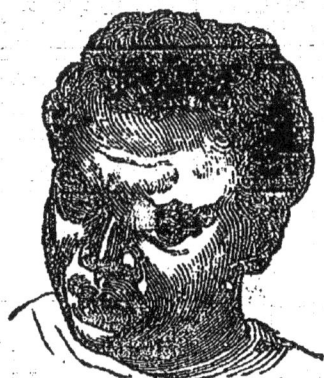

Fig. 81.

un *Yolofe* ou un *Ashantée;* mais il leur est difficile de reconnaître un individu de ces tribus au milieu d'un groupe de ses compatriotes. La fig. 81 représente un *Nègre mandingue.*

§ 3. *Physionomies européennes : l'Italien.* — En fait, il n'y a guère lieu d'appliquer les indications de la physiognomonie qu'à la race caucasienne et à ses subdivisions. Sans sortir de l'Europe, il ne faut qu'un peu d'attention pour se graver dans la mémoire les physionomies de l'*Italien,* du *Français,* de l'*Espagnol,* de l'*Anglais,* de l'*Allemand,* du *Scandinave* et du *Slave*, tous distingués les uns des autres par des traits suffisamment prononcés.

La figure de l'Italien, dit un auteur allemand, est tout âme, de même que sa langue est tout exclamation, et son mouvement tout gesticulation. Le front court, hardiment dessiné, l'œil

Fig. 82.

plein de feu, le contour délicat de la bouche, la forme proéminente du nez, sont les traits les plus saillants de la physionomie de l'Italien.

On les retrouve, quoique avec des caractères différents, dans le Lombard *saint Charles Borromée* (fig. 82) et le Vénitien *Titien* (fig. 20, page 40.)

Pour se convaincre de la réalité de la définition de la physionomie italienne, il faut jeter un regard attentif sur un des tableaux de la galerie de Versailles représentant la consulte

italienne réunie pour conférer à Napoléon Ier
la couronne d'Italie.

La disposition du tableau ne permet de voir
que de profil la presque totalité des figures
dont chacune est un portrait; les nez de ces
figures, nettement dessinés par leur position,

Fig. 83.

Fig. 84.

ressemblent tous à celui de saint Charles Borromée.

§ 4. *Le Français.* — Le Français ne se rapporte pas à un type unique aussi tranché, aussi
prononcé que l'Italien. Il y a en lui de l'homme
du Nord dans le Normand, l'Artésien et le Fla-
mand; de l'homme du Midi dans le Gascon, le
Languedocien, le Provençal, dans ce dernier
surtout, qui tient le milieu entre l'Italien et
l'Espagnol. Le type français par excellence est
celui de l'homme du monde parisien, qui, s'il
n'est pas né dans la capitale, y a du moins assez

vécu pour y perdre les signes particuliers de sa nationalité provinciale. Telles sont les figures éminemment françaises de *Chateaubriand* (fig. 83), de *Girodet-Trioson* (fig. 84,) du maréchal *Suchet* (fig. 85), et du général *Hoche* (fig. 86). La vivacité du regard moins perçant,

Fig. 85.   Fig. 86.

mais plus bienveillant et aussi spirituel que celui de l'Italien, le front large et élevé et la bouche presque toujours entr'ouverte pour la parole et pour le rire, en sont les traits les plus distinctifs.

§ 5. *L'Espagnol.* — L'Espagnol, composé de la fusion de trois types, le celtibérien, le goth et l'arabe, se distingue par la forme arquée du front, l'expression grave du regard, la régularité des dents et la forme régulière de la bouche. Il est, en outre, remarquablement bien fait, plein de grâce et de noblesse dans tous ses gestes et dans son attitude. Quoique le Portugais et l'Espagnol se distinguent très bien entre eux, ils ont, pour tout observateur qui n'appartient pas lui-même à la péninsule hispanique, la même physionomie. Le type le plus

Fig. 87.

éminemment espagnol qu'il soit possible de prendre pour sujet d'études, c'est celui du célèbre peintre espagnol *Esteban Murillo,* d'après son portrait admirablement peint par lui-même (fig. 87).

§ 6. *L'Anglais.* — L'Anglais porte les principaux traits de sa physionomie nationale dans le front et dans les sourcils. Les muscles arrondis de son visage sont dépourvus de plis, tant qu'ils n'ont pas franchi les premières limites de la vieillesse. L'imagination de l'Anglais, dit un physionomiste allemand, est

comme un feu de houille : elle ne jette point
d'éclat, elle n'éclaire pas tout un appar......,

Fig. 88.

Fig. 89.

mais elle produit une chaleur forte et durable.
Les traits généraux de son visage national cor-

Fig. 90.

Fig. 91.

respondent à ceux de son caractère. Son extérieur a dans son ensemble une certaine dignité
empreinte de roideur; ses formes bien dessi-

nées annoncent à la fois de la vigueur et de l'é-
lasticité. C'est parmi les Anglais que se rencontrent les meilleurs coureurs de la race humaine,
sans en excepter les Gascons et les Basques espagnols. La diversité des types anglais est
beaucoup moindre que celle des types français ;

Fig. 92.

le caractère national, tel qu'il vient d'être esquissé, se retrouve au plus haut degré dans les
figures, éminemment différentes entre elles,
de *Walter Raleigh* (fig. 88), de *Shakspeare*
(fig. 4, page 26), d'*Addison* (fig. 89), de *She-
ridan* (fig. 90), de *Wellington* (fig. 91) et de
lord *Palmerston* (fig. 92).

§ 7 *L'Allemand.* — La physionomie nationale de l'Allemand se dessine tout particulièrement dans les plis et les sillons de ses joues
et du tour de ses yeux, non seulement dans

l'âge mûr, mais souvent même dans la jeunesse. Il est difficile de deviner, à première vue, l'expression d'une figure allemande; elle ne parle pas de loin et veut être étudiée, mais elle gagne presque toujours à l'être. La discrétion, la fidélité, la ténacité dans le travail, font

Fig. 93.

partie de son caractère national; on en lit l'expression dans sa physionomie nationale, à part le sens particulier de chaque figure individuelle. C'est, d'ailleurs, un des types les meilleurs et les plus sûrs à étudier au point de vue de la physiognomonie, par cela seul qu'il a peu de mobilité, qu'il change rarement, et que son expression habituelle, toute nationale, ne se modifie que dans les grandes occasions et sous l'empire d'émotions trop vives pour qu'il lui soit possible de les maîtriser.

La figure de *Schiller* (fig. 93) offre le type

national allemand le mieux accusé sous son plus poétique aspect.

§ 8. *Les races polaires.* — Toutes les races du nord, à partir de l'embouchure du Rhin jusqu'aux confins des régions parcourues par la race exceptionnelle des Lapons (*lap, exilé*),

Fig. 94.

résument leurs physionomies nationales dans la figure placide du Hollandais, dont l'amiral Trump (fig. 94) est un des types les plus calmes et les plus nobles. C'est bien l'homme qui, vaincu après une héroïque résistance, s'enveloppant dans les plis de son pavillon, se jette avec lui à la mer, en disant aux Anglais : « L'Océan est le seul tombeau digne d'un amiral batave. » Déjà, chez cette nation, dominent les yeux bleus, les cheveux d'un blond pâle et les statures élevées. L'élévation du front, le volume du nez, plus souvent large et charnu que mince et allongé, et la largeur de la bouche, font généralement partie de la physionomie nationale des peuples du nord de l'Europe. Plus on s'avance vers le nord, plus les yeux, déjà faiblement ouverts chez les Hollandais, sont habituellement voilés. Plusieurs d'entre les auteurs qui se sont le plus étendus sur les diverses races humaines ont longuement disserté, Buffon, entre autres, sur les Lapons, les Esquimaux, les Groënlandais, les Samoyèdes et les Ostiacks, si différents du reste du genre humain. Si ces peuplades, descendues au plus bas degré de l'échelle de la civilisation, avaient conservé les traditions historiques, on y retrouverait probablement le fait consigné dans celle des Laps ou Lapons. Ils savent que leurs ancêtres, à une époque qu'il n'est pas possible de préciser, ont été chassés d'un pays meilleur par des races plus puissantes que la leur, et qu'ils ont cherché un refuge dans des contrées si peu attrayantes, que personne n'est venu les y déranger. La rigueur du climat, les disettes fréquentes, la misère habituelle, l'inaction forcée pendant une grande partie de l'hiver polaire, durant lequel le soleil reste de quatre à cinq mois absent de l'horizon, ont dû graduellement faire diminuer la stature de ces peuplades, dont la figure exprime peu de sensations et peu d'idées, parce que, effectivement, ils en ont fort peu ; c'est ce qu'on peut voir en examinant la physionomie d'un Samoyède (fig. 95).

Fig. 95.

§ 9. *Les Slaves.* — La grande race slave, répandue des bords de la mer Caspienne à ceux

Fig. 96.

de l'Adriatique, offre plusieurs types divers, tous rattachés au type caucasien, mais assez accentués pour être facilement distingués avec un peu d'attention. Le Russe, dont la figure de Pierre le Grand (fig. 96) est une des expressions les plus complètes, diffère essentiellement du Polonais, la plus caucasienne des races slaves ; il ne diffère pas moins du type dalmate, le même à peu près que l'Albanais, le Serbe, le

Fig. 97.

Bosniaque et le Bulgare, rameaux importants de la race slave. Cette race, dont tous les traits sont fortement prononcés, n'offre jamais de visages plats. L'épaisseur des lèvres et la largeur de la partie charnue du nez très saillant de la race scandinave, qu'on retrouve chez les Russes, manquent chez le reste de la race slave. Les Polonais, les Dalmates, et tous les Slaves soumis à la Turquie, ont, aussi fréquemment que les autres peuples européens, le nez purement caucasien, les lèvres minces, et les traits élégamment et fortement dessinés, principale-

ment chez les femmes ; leurs yeux sont aussi
grands et plus ouverts que ceux des peuples
des pays les plus septentrionaux de l'Europe.
C'est ce qu'on peut voir sur les visages mâles,
nobles et expressifs de *Jean Sobiesky* (fig. 97)
et du prince *Poniatowski* (fig. 98).

Fig. 98.

Tels sont, dans ce qu'ils ont de plus saillant,
les traits distinctifs des physionomies nationales européennes. On ne peut trop répéter à
quiconque cherche à lire sur la figure d'un individu quel qu'il soit, de faire, par la pensée,
la séparation de ce qui lui est propre et de ce
qui constitue sa physionomie nationale.

§ 10. *Ressemblances de famille.* — Les
physionomies de famille ne peuvent pas plus
être niées ou expliquées que les physionomies
nationales. Dans la ressemblance des enfants

aux parents, certains traits se transmettent pendant un grand nombre de générations, tandis que d'autres n'ont aucune persistance. La longueur du nez et la vivacité du regard sont deux traits qui, lorsqu'ils proviennent originairement de la mère, se perpétuent à l'infini, et impriment à certaines familles un cachet pour ainsi dire ineffaçable. La forme arrondie ou allongée de l'ensemble du visage, et ses dimensions, ou très petites ou très développées, sont également héréditaires. Les physionomies plates, effacées, sans expression, se transmettent aussi fidèlement et aussi longtemps que les figures les plus expressives. En général, l'hérédité des physionomies se transmet plus fidèle dans la ligne masculine que dans la ligne féminine. Il y a, d'ailleurs, dans cette transmission des anomalies inexplicables qui se reproduisent constamment et que l'observation constate, sans qu'il soit possible de leur assigner une cause. C'est ainsi que les enfants dont le père ou la mère aura le front court et voûté auront inévitablement cette conformation du front ; mais, dès la seconde, ou au plus tard dès la troisième génération, elle aura disparu.

On croit devoir reproduire ici une observation très juste et très importante de Lavater sur la ressemblance générale des enfants à leurs parents : elle mérite toute l'attention des gens mariés :

« Plus l'amour vivra dans les cœurs des parents, dit Lavater, j'entends l'amour véritable, plus ces cœurs seront remplis de douceur, d'une affection pure et fidèle ; plus cet amour mutuel du père et de la mère se confondra naturellement et sans contrainte, plus les physionomies des enfants paraîtront être composées des traits de leurs parents. Aussi, un tel amour, une telle sympathie, présupposent-ils un certain degré d'imagination susceptible de recevoir en soi les formes de l'objet aimé. »

§ 11. *Causes des ressemblances.* — Une autre remarque, non moins importante que la précédente, et qui s'adresse surtout à la plus belle moitié du genre humain, c'est celle qui se rapporte à la cause inconnue des taches accidentelles ou des défauts de formes provenant de l'imagination de la mère. L'observation démontre que de telles défectuosités n'ont jamais lieu que par un choc, une secousse violente et imprévue, imprimée à l'imagination pendant les premiers temps de la grossesse. « Ainsi, dit Lavater, les mères qui, pendant tout ou presque tout le temps de leur grossesse, ont eu peur de mettre au monde un enfant difforme, parce qu'elles se souviennent d'avoir vu des objets hideux et répugnants, donnent presque toujours la vie à des enfants les mieux faits et sans aucune tache, précisément parce que leur crainte n'était pas l'effet fulminant d'une

apparition soudaine excitant en elles l'horreur
et le dégoût. »

L'étude physiologique des causes des ressemblances humaines est trop peu avancée
pour qu'il soit possible de signaler ces causes
avec certitude; quelques-unes seulement, très

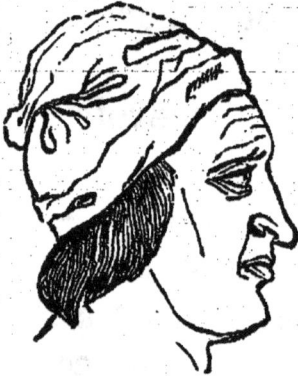

Fig. 99.

Fig. 100.

remarquables au point de vue de la physiognomonie, sont bien constatées, et leurs effets se
reproduisent constamment. Quand, par exemple, deux époux à peu près du même âge, de
complexion peu différente, n'ayant d'ailleurs
aucune ressemblance entre eux au moment où
ils se sont mariés, ont fini, en vivant ensemble,
par prendre les mêmes habitudes, et jusqu'à un
certain point le même caractère, ils se ressemblent au point qu'on dirait qu'ils sont frère
et sœur. C'est ce que montrent les figures
99 et 100.

De tout ce qui précéde ressort un fait physiognomonique de la plus haute valeur : les ressemblances humaines, soit qu'elles tiennent aux physionomies nationales ou aux physionomies de famille, soit qu'elles dépendent de l'assimilation des caractères, sont toujours et partout le reflet des sentiments, des affections, des passions passagères ou durables de l'humanité; les traits de la figure, sujette à toutes ses causes de ressemblance avec d'autres, sont toujours les caractères de l'alphabet que la physiognomonie cherche à déchiffrer, et, quel que soit le visage qu'il étudie, à quelque nationalité, à quelque famille, à quelque caractère individuel qu'il puisse appartenir, le physiognomoniste peut toujours dire avec Michel Montaigne : « Face d'homme porte vertu. »

CHAPITRE VII

Analogie des figures humaines avec divers animaux.

§ 1. *Rapport des physionomies d'animaux à celle de l'homme.* — Chaque race distincte d'animaux présente, dans son ensemble, une physionomie qui lui est propre, et qui reflète ses instincts et ses inclinations, comme la physionomie humaine reflète les affections, les sentiments et les passions de l'humanité.

Les animaux les plus faibles, les moins intelligents, les moins capables des sentiments qui se rapprochent des nôtres, sont également et invariablement ceux dont la structure et la physionomie s'éloignent le plus des types humains.

Rapprochez l'une de l'autre la tête d'une écrevisse (fig. 101), celle d'un éléphant (fig. 102) et celle d'un homme (fig. 103), cette vérité deviendra frappante au premier aspect.

En parcourant l'échelle des êtres, on y rencontre de saisissantes analogies avec certaines

Fig. 101.

Fig. 102.

physionomies humaines, et toujours, chez l'homme dont les traits rappellent ceux d'un

Fig. 103.

animal, le physiognomoniste peut s'attendre à rencontrer des qualités, des inclinations, des nuances de caractère, analogues aux instincts de cet animal. Dans l'étude de ces analogies, l'attention de l'observateur doit surtout se diriger sur la forme spéciale et la voussure du front, la position et la distance des yeux, et la ligne centrale de la bouche. Si l'on applique

Fig. 104.

ces données à la physionomie du lion, par exemple, le profil de cet animal, remarquable surtout par le contour de la transition du front au nez, présente une courbure en arrière presque à angle droit, depuis le nez jusqu'à la mâchoire inférieure (fig. 104).

« Un homme avec le profil du front et du nez du lion, dit Lavater, ne serait certainement pas un homme ordinaire, quoique je n'aie pas encore vu de profil d'homme aussi droit. Le nez du lion est, sans doute, bien loin d'égaler en saillie celui de l'homme; il est cependant

plus proéminent que chez aucun autre quadru-
pède. »

§ 2. *Analogies du lion et du porc*. — La
force énergique et hardie, accompagnée d'une
sorte de bonté digne dans les heures de calme,
se lisent sur la physionomie du lion, comme

Fig. 105.

sur celle de l'homme, dont les traits offrent
dans leur ensemble une analogie reconnais-
sable avec les traits du roi des animaux. Telle
est la figure de Gustave-Adolphe (fig. 11,
page 29). Comme contraste saisissant, considérez la physionomie du porc vue de profil
(fig. 105) en regard du profil d'un homme ayant
avec le porc une analogie prononcée. Vous reconnaîtrez tous les signes de la bassesse, surtout dans l'espace compris entre l'oreille et le
coin de la bouche; la base de la bouche désigne
la sensualité la plus grossière, la plus ordu-
rière; l'œil indique la fausseté; le grouin et
l'ouverture totale de la gueule, la méchanceté.
Étudiez bien l'homme qui ressemble extérieu-

rement au porc ; tout cela doit s'y retrouver à divers degrés.

§ 3. *De la brebis.* — Bien peu de physiono-mies humaines rappellent celle de la brebis (fig. 106), l'une des figures d'animaux qui s'éloignent le plus de la configuration d'une

Fig. 106.

figure d'homme ; il y a, néanmoins, parmi les femmes surtout, des visages qui tiennent assez sensiblement de la brebis ; leur caractère gé-néral est celui d'une stupidité toute passive, tout inactive ; la tête, arrondie par le haut, annonce l'incapacité de tout ce qui mérite le nom de sagacité et de vigueur. La ligne de la bouche, la forme et la position des dents, dé-notent l'absence de toute disposition à opposer la force à la force.

§ 4. *Du chien.* — Les analogies des visages humains avec le chien sont fréquentes, ce qui

tient surtout à cette particularité que très peu
d'animaux ont au-dessus des yeux autant de
front que le chien (fig. 107). Le caractère des
figures analogues au chien comprend la sagacité et l'esprit de recherche, uni à une disposition naturelle à l'abnégation et au dévouement ;

Fig. 107.

ce dernier trait est surtout saillant dans les
figures d'hommes qui rappellent plus ou moins
celles des chiens à oreilles pendantes.

§ 5. *Du loup.* — Les figures analogues au
loup inspirent naturellement et à première vue
autant de répulsion que les figures analogues
au chien éveillent de sympathie, promptement
justifiée par l'étude de leur physionomie et de
leur caractère. C'est que, si petite que soit la
différence entre le loup et le chien, cette différence est cependant fort remarquable ; elle
consiste surtout dans l'inclinaison du sommet

du crâne, et dans les lignes roides qui, des
côtés du front, descendent vers le museau
(fig. 108), signes très prononcés chez l'homme
qui ressemble au loup, et qui contribuent, autant que le reste de ses traits, à rendre cette
analogie saillante. Dans la mâchoire inférieure

Fig. 108.

de ces figures, de même que dans celle du
loup, se dessine l'absence de toute disposition
aux affections aimantes, dispositions si bien
tracées sur tout visage analogue au chien.

§ 6. *Des oiseaux.* — Les analogies des visages humains avec divers oiseaux, spécialement avec les oiseaux à bec court, la poule, la
caille, la colombe, sont fréquentes, chez la
femme surtout ; elles dénotent un très grand
développement des sentiments affectueux, et
l'amour de la famille porté à son plus haut
degré. Chez l'homme, les analogies avec les

oiseaux de proie sont fréquentes ; elles annoncent la hardiesse, l'élévation de la pensée, mais aussi peu de dispositions aux affections tendres. Ces analogies sont surtout frappantes quand on observe les figures de ce caractère, en faisant abstraction de la bouche et du bas

Fig. 109.

du visage. On trouve fréquemment le penchant à la cupidité et les caractères de l'avarice empreints sur les figures humaines des deux sexes qui, par l'œil rond et mobile, le nez mince et effilé, le front fuyant et la pointe du menton rentrant et effacé, offrent une analogie saisissante avec la pie (fig. 109), dont nul ne peut expliquer l'instinct si prononcé qui porte cet oiseau à voler et à cacher tous les objets brillants, métalliques et d'une grande valeur.

§ 7. *Des reptiles.* — Les pires des analogies pour la figure humaine sont celles qui rappellent les reptiles, particulièrement les serpents. Ces analogies avec les autres reptiles, avec le crocodile, par exemple, sont excessivement rares et presque phénoménales. La gueule du serpent, dépourvue de lèvres, est fendue droit, et décrit simplement un arc derrière l'œil. « Je n'en fais pas l'application, dit Lavater, elle s'offre d'elle-même. »

Les hommes porteurs d'une physionomie aussi ingrate représentent la ruse dépourvue d'un sens droit et de la force qui détermine l'action ; il semble qu'ils soient formés, comme le serpent de la *Genèse*, pour piquer le talon et être foulés aux pieds. L'analogie d'une figure humaine avec le serpent ne se découvre pas toujours à la première vue, parce que l'un des signes de la ruse chez l'homme, qu'il soit ou non porteur d'une analogie avec un animal quelconque, est la petitesse des yeux et leur enfoncement profond sous les sourcils. Le serpent a, au contraire, les yeux très saillants ; mais cette différence n'empêche pas l'analogie très prononcée avec le serpent, de certaines figures appartenant à des gens notoirement rusés et quelque chose de plus.

§ 8. *Analogies doubles.* — Il arrive assez souvent que, sur un même visage, se lisent deux analogies se rapportant à deux animaux d'un caractère très différent, selon qu'ils sont envisagés de face ou de profil. Dans ce cas, celle des deux analogies qui paraît la plus faible est ordinairement héréditaire et composée de traits appartenant à la famille ou à la nationalité ; l'analogie la plus prononcée, ordinairement la meilleure, est acquise ; elle provient des efforts honorables que l'homme fait sur lui-même pour combattre de mauvais penchants. On connaît la remarque d'un physiognomoniste qui disait, après avoir bien examiné de face et de profil un homme d'État du dernier siècle : « Il y a du veau et du renard dans cette tête : mais le veau domine. » Ce qui semble une plaisanterie est une vérité d'un grand intérêt en physiognomonie ; si l'on découvre deux analogies diverses dans une figure, il faut s'appliquer à rechercher les signes indiquant la plus prononcée des deux. L'observation des actes et de la conduite de celui qui porte sur ses traits une analogie double, donnera lieu presque toujours de reconnaître qu'il penche sensiblement dans le sens de celle des deux analogies qui se montre le mieux dessinée.

§ 9. *Analogies des poissons.* — Les analogies les moins intelligentes sont celles des figures humaines avec divers poissons. En effet, à l'exception du requin et des autres très gros poissons du vaste Océan, lesquels, ne vivant que de proie et étant tourmentés incessamment par un appétit féroce, ont besoin d'un certain nombre de combinaisons pour pourvoir à leur subsistance, le poisson, en général, a besoin de très peu d'instinct. Étranger à tout esprit de famille, ne prenant aucun soin, aucun souci des petits qui doivent perpétuer sa race, privé de voix pour communiquer à d'autres des sentiments dont il est dépourvu, il ne peut avoir aucune expression de physionomie et n'exprime que la nullité. C'est ce qu'on trouve sur les figures aux yeux ronds, mais peu saillants et sans vivacité, au front fuyant, au menton effacé, offrant une analogie prononcée avec divers poissons; des visages pareils n'ont, à vrai dire, qu'une expression, celle de l'absence de la pensée.

Pour l'homme habitué aux observations physiognomoniques, les analogies de la figure humaine avec divers animaux ne sont qu'un simple avertissement très utile, qui le met sur la voie des traits qu'il doit principalement étudier, et qui abrège ses recherches en lui en montrant tout d'abord l'objet principal.

CHAPITRE VIII

Portraits et silhouettes.

§ 1. *Étude physiognomonique des portraits.*
— Quoique cette proposition puisse sembler
paradoxale, un bon portrait, pour l'étude de la
physiognomonie, vaut mieux que l'observation
directe de la figure humaine, et cela par plusieurs motifs, dont il est utile de se rendre
compte. D'abord, à moins d'une grande intimité
qui évidemment ne saurait exister qu'à l'égard
d'un nombre limité d'individus, les observations directes, toujours indiscrètes et gênantes
pour ceux qui en sont l'objet, ne peuvent jamais être suffisamment prolongées. Un bon
portrait, au contraire, peut toujours être examiné dans tous ses détails, étudié à fond et à
loisir, placé en regard d'autres portraits qui,
par le contraste, en font plus vivement ressortir les indications physiognomoniques. Ensuite,

le peintre, pour peu qu'il soit habile, sans flatter son modèle, sans l'embellir aux dépens de la vérité, sait cependant le mettre dans l'attitude la plus favorable, l'éclairer de la manière la plus propre à en faire ressortir toute l'expression. Mais, pour que le portrait présente des

Fig. 110.

caractères d'utilité, quant aux études physiognomoniques, il faut qu'il soit parfait, autant qu'un portrait peut l'être, et les portraits parfaits sont excessivement rares. On peut citer comme un exemple de la perfection avec laquelle un portrait peut rendre l'expression vraie et le sens complet d'un visage humain, le portrait du pape Pie VII, par le célèbre peintre Louis David (fig. 110). Une collection de bons portraits dessinés par lui-même, d'après les meilleurs maîtres, est, pour le physiognomoniste, un élément d'études pour ainsi dire indispensable. Un bon portrait doit dire, et dire instantanément, tout ce qui se laisse lire sur la forme extérieure de l'homme, tout ce que des mots ne peuvent jamais complètement exprimer. Le peintre qui altère la physionomie de celui dont il fait le portrait peut être comparé au mauvais traducteur d'un bon ouvrage, qui dénature le texte, faute de le comprendre. Ce qui manque le plus souvent aux peintres de portraits, c'est précisément la connaissance philosophique de l'homme, c'est-à-dire une science de l'homme à la fois exacte, claire et générale.

C'est par là qu'excelle Van Dyck, le peintre sans rival pour les portraits, auquel on peut seulement reprocher d'avoir été un peu poète dans la pratique de la peinture, et d'avoir, pour cette raison, un peu trop idéalisé ses personnages. Lorsque ce grand artiste a dû peindre une figure de héros, il lui a donné l'harmonie des proportions et la plus haute expression de la beauté virile, composée de force, d'énergie, de courage et de loyauté. (Voyez note C.)

§ 2. *Têtes sculptées.* — La sculpture, quant à la reproduction des physionomies humaines, peut n'être pas moins utile aux études physiognomoniques que la peinture elle-même; la statuaire antique surtout mérite d'être étudiée sous ce rapport. « Regardez, dit à ce sujet Lavater, un profil dessiné d'après un buste de

Cicéron ; ce profil me semble presque un modèle d'homogénéité. Tout en lui porte le carac-

Fig. 111.

tère d'une finesse, d'une pénétration à laquelle
rien ne saurait échapper. Profil extraordinaire,

Fig. 112.

quoique sans grandeur. Tout est également
coupé, limé, organisé. C'est le modèle d'un
homme au coup d'œil fin et pénétrant, à l'esprit

moins bon que railleur, et qui facilement se perd en nébuleuses subtilités. »

Dans la statuaire antique, le modelé des traits du visage se recommande surtout par l'exactitude ; les statues des empereurs romains, qu'on peut supposer un peu flattées, ont cependant un caractère de grande vérité : elles donnent raison aux principes de la physiognomonie, et quiconque ne saurait pas un mot de l'histoire des douze Césars, reconnaîtrait, à l'aide de ces principes seuls, un monstre dans Néron (fig. 111), et la vertu stoïque dans Marc-Aurèle (fig. 112).

§ 3. *Étude des silhouettes.* — Une excellente étude physiognomonique est celle des silhouettes, c'est-à-dire du dessin exactement tracé du profil d'une tête vivante ou sculptée, d'après l'ombre qu'elle projette sur un fond blanc. Si l'on se sert, à cet effet, d'un papier blanc d'un côté, noir de l'autre, appliqué sur un mur bien uni, le côté blanc en dehors, et qu'on dispose convenablement la lumière par laquelle l'ombre doit être produite sans déformation, on peut, l'opération terminée, découper avec précision la silhouette, et la coller ensuite sur un fond blanc, le côté noir en dehors, afin de l'étudier tout à loisir. On insiste sur ce point, que pour que l'image soit réellement vraie et fidèle, il faut que l'ombre ait été reçue sur une surface pure, que le jour ait été bien ménagé, et que la figure vivante ou sculptée ait été placée bien parallèlement à cette surface : ce sont les conditions indispensables de l'exactitude d'une silhouette. Cette manière de reproduire les profils était fort usitée et fort à la mode vers la fin du dernier siècle ; elle est aujourd'hui tombée dans l'oubli ; mais pour l'étude de la physiognomonie, elle n'a rien perdu de sa valeur.

La silhouette est, en effet, l'empreinte immédiate de la nature, empreinte que le dessinateur le plus exercé ne saurait reproduire avec le même degré de correction ; aucun art n'approche de l'exactitude d'une silhouette très bien faite.

« Elle n'a cependant, dit Lavater, qu'une ligne ; elle n'a point de mouvement, point de jour, point de couleurs, point de relief, point d'enfoncement ; elle n'a ni yeux, ni oreilles, ni narines, ni joues : encore n'y a-t-il qu'une fort petite partie de la lèvre : et cependant quelle expression déterminée ! »

On peut donc recueillir autant et plus de connaissances physiognomoniques de l'étude des silhouettes que de celle des portraits complets. La silhouette réunit l'attention sur un seul aspect des traits, elle la concentre sur les limites des contours du profil ; cela seul rend l'observation et la comparaison plus faciles et plus précises que quand l'œil de l'observateur découvre à la fois, sur un portrait peint ou dessiné, une multitude d'autres détails. Un grand nombre de visages sont très bien caractérisés par leur silhouette, de telle sorte qu'il est impossible d'en contester la signification.

§ 4. *Signification des silhouettes.* — Voici, d'après Lavater, quels sont les caractères qui se dessinent le plus dans l'ombre, et que la silhouette peut exprimer le plus nettement. Les silhouettes les plus significatives sont celles des gens ou très doux ou très emportés, très flexibles ou très opiniâtres, très superficiels ou très profonds. La silhouette accuse mieux les caractères extrêmes que leurs nuances intermédiaires. Par conséquent, la vanité est moins fidèlement rendue par la silhouette que les deux opposés, l'humilité et l'orgueil. La silhouette exprime parfaitement la vigueur naturelle de l'âme, la bonté, la mollesse, la sensualité, surtout l'innocence de l'enfant; elle donne une plus juste idée de l'intelligence profonde que de l'esprit vif et lucide, et de l'intelligence élevée que de la grosse sottise.

§ 5. *Leurs parties distinctes.* — L'usage de tracer et de découper les silhouettes s'est tellement perdu de nos jours, qu'on croit utile d'en détailler ici les parties les plus importantes, telles que les définit Lavater. Selon lui, toute silhouette peut être divisée en neuf sections horizontales, savoir :

1° L'arc du sommet de la tête jusqu'au point où commence la chevelure ;

2° Le contour du front jusqu'aux sourcils ;

3° L'espace entre les sourcils et la racine du nez ;

4° L'espace entre le nez et la lèvre supérieure ;

5° La lèvre supérieure ;

6° Les lèvres proprement dites ;

7° Le menton supérieur ;

8° Le menton inférieur ;

9° Le cou.

« Si l'on y ajoute, dit Lavater, les formes de l'occiput et de la nuque, chaque partie isolée de ces sections est par elle-même une lettre, souvent une syllabe, souvent un mot, souvent tout un discours de la nature véridique.

§ 6. *Longueur et largeur.* — On doit avoir égard, dans l'appréciation d'une silhouette, au rapport entre la longueur et la largeur de l'ensemble. La longueur est égale à la largeur dans les profils purs et bien proportionnés. Une ligne perpendiculaire, tirée du sommet de la tête au point où le menton se sépare du cou, doit avoir exactement la même longueur qu'une ligne horizontale tirée de la pointe du nez à l'extrémité de la tête, sans y comprendre, bien entendu, l'épaisseur de la chevelure.

Si, dans une silhouette, la tête se montre plus *longue* que *large*, avec des contours roides, anguleux et tendus, c'est le signe d'une grande opiniâtreté. Quand, en outre, les contours d'une semblable silhouette sont arrondis, ils indiquent un esprit habituellement endormi, et qui s'éveille difficilement. Si la silhouette accuse, au contraire, une tête plus *large* que *longue*, elle est presque toujours l'indice de l'absence de toute bonté, surtout quand les contours en sont roides et durs ; s'ils sont mous et adoucis, ils indiquent le penchant le plus prononcé pour la paresse et la sensualité.

Dans une silhouette, la forme trop pointue du nez donne à l'ensemble un aspect petit, craintif et puéril ; mais un nez de ce genre est fréquemment accompagné d'un front annonçant des dispositions à l'emportement et à la colère, tandis que la bouche et le menton, par une sorte de compensation, offrent les signes bien prononcés de la bonté et de la douceur.

Parmi les signes qui trompent le moins dans l'étude d'une silhouette, on doit encore noter les suivants :

Les dispositions à la prudence pratique, au calcul réfléchi, sont principalement indiquées par la partie inférieure du profil. L'extension et la longueur de la lèvre supérieure à partir du nez, c'est-à-dire du *pallium*, donnent la mesure de l'imprudence et de l'étourderie. Le front très peu rentrant indique peu d'intelligence productive, mais beaucoup de capacité.

Les figures dont la silhouette contient cette indication très manifeste, sont, dit Lavater, comme des magasins de réflexion, qui toutes sont le fruit de l'expérience.

Ce qui précède suffit pour indiquer tout ce qu'il peut y avoir à lire, pour un physiognomoniste attentif, dans une simple silhouette.

EXERCICES SUR LES SILHOUETTES

Les silhouettes diffèrent quelquefois d'une manière très prononcée du portrait des mêmes personnages dessinés de face. On en voit un

Fig. 113.

exemple frappant dans l'ombre portée du portrait d'homme représenté (fig. 113). On peut

aussi comparer la silhouette de Lavater (fig. 114)
à son portrait (fig. 18, page 31).

La silhouette (fig. 115) offre une démonstra-

Fig. 114.

tion des plus frappantes de tout ce que la physiognomonie peut faire ressortir des contours

Fig. 115.

d'une silhouette. Celle-ci est parlante ; un
peintre, en l'étudiant, la transformerait sans
peine en un portrait ressemblant.

On peut trouver dans le nez trop pointu quelque chose de puéril, quelque chose qui tient moins de l'homme que de la femme ; mais le front, sans appartenir à un homme doué d'une grande supériorité, ne peut cependant être pris par personne pour le front d'un

Fig. 116.

homme ordinaire. La proéminence de l'œil, bien accusée dans la silhouette, annonce la timidité, jointe à la disposition passagère à l'emportement ; la bonté et la douceur sont si fortement caractérisées par les contours de la bouche et du menton, qu'elles se reflètent sur tout l'ensemble de cette physionomie.

La silhouette de femme (fig. 116) est celle d'une jeune fille à la fois douce, intelligente et résignée à une position humble, à laquelle elle se sent supérieure ; cela est écrit principalement dans tout le bas de ce profil.

La douceur, la bonté, l'amour de la famille, et par-dessus tout la prudence et la délicatesse

Fig. 117.

d'esprit, sont écrits dans les lignes du profil de femme (fig. 117), qui ne peut cependant pré-

Fig. 118.

tendre à la beauté régulière. C'est encore là une de ces silhouettes dont il ne serait pas difficile de tirer les éléments d'un portrait d'une ressemblance parfaite.

L'esprit d'observation, d'examen et d'analyse sont les caractères saillants de ce profil remarquable (fig. 118), qui ne peut être que celui d'un homme éclairé, bienveillant et digne du respect de tous.

Dans la silhouette (fig. 119), le nez très pointu

Fig. 119.   Fig. 120.

est plutôt celui d'une femme que celui d'un visage d'homme ; le front et tout le haut du visage portent les signes de la disposition à l'emportement et à la colère ; par compensation, tout le bas du visage exprime la douceur et la bonté ; c'est ainsi, dit Lavater, que souvent un défaut grave est corrigé par une qualité, qui lui fait contre-poids.

Toutes les lignes du profil (fig. 120) indiquent les plus nobles qualités du cœur et de l'intelligence, et l'habitude de la réflexion dirigée vers les pensées nobles et élevées. Je ne connais pas cet homme, dit Lavater ; mais, ce que j'affirme sur le vu de sa silhouette, j'en suis sûr, comme de mon existence.

Fig. 121.

Le profil (fig. 121) diffère du tout au tout du précédent; il est pris dans ce qu'on pourrait

Fig. 122.

nommer le commun des gens du monde; il ne dénote aucun genre de supériorité, mais de la finesse, de la résolution, une capacité ordinaire, avec une grande habitude des affaires, et une juste appréciation des choses de la vie.

8

Cette silhouette remarquable est celle du célèbre Mosès Mendelssohn (fig. 122); il n'est personne en l'examinant qui ne soit frappé de sa ressemblance avec le profil de J.-J. Rousseau; les caractères de ces deux hommes éminents offraient, en effet, entre eux une grande analogie.

CHAPITRE IX

Quelques résultats de la Physiognomonie.

§ 1. *Des divers caractères de la beauté.* — Quiconque aura étudié, ou seulement lu avec quelque attention les chapitres qui précèdent, se trouvera en mesure de bien comprendre quelques-uns des résultats dès à présent acquis à la physiognomonie. A part la révélation et les vérités religieuses, Lavater dit à ce sujet : « Rien n'est plus propre à donner à l'homme la certitude de l'existence de Dieu, que la présence d'un homme de bien. »

Or, pour celui qui a étudié les principes de la physiognomonie, seulement assez pour en faire l'application avec un certain degré de certitude, la présence d'un homme de bien se révèle, même quand, pour l'observateur inattentif, sa figure n'en offre pas les caractères d'une façon saisissante au premier aspect. On en peut dire autant de la beauté qui, lorsqu'elle est réelle, c'est-à-dire formée de la réunion de la beauté physique à la beauté morale, produit sur nous en tout temps, à tout âge et dans toutes les conditions de la vie, l'impression la plus douce que l'âme puisse recevoir par le sens de la vue. Il y a dans tout visage réellement beau, à part le *je ne sais quoi* indéfinissable, sans lequel la beauté ne fait sur l'esprit aucune impression, un certain nombre de traits, une réunion nécessaire de conditions qu'on peut définir, analyser, et dont il est possible de se rendre compte très exactement, à l'aide des données de la physiognomonie.

Voici dans quels termes Lavater tente de définir la beauté : « Un beau visage, dit-il, est celui qui, en dehors de cette proportion, de cette position convenable de ses parties essentielles, présente à l'observateur une telle harmonie, une telle âme, une telle unité, que rien, dans ce visage, ne lui paraisse être superflu, rien défectueux, rien mal proportionné, rien ajouté après coup, ni, pour ainsi dire, rapporté ; mais que ces différentes parties lui semblent découler d'un principe unique pour se fondre en un tout également unique. »

§ 2. *Beauté parfaite. Impossibilité de la définir.* — Cette définition de la beauté par Lavater ne prouve qu'une seule chose, c'est qu'on ne peut pas définir la beauté. Dans le monde, la beauté, si on vient à en rencontrer quelque parfait spécimen, vous frappe et vous saisit ; on la comprend d'instinct, on l'admire ; il est impossible d'en rien dire de plus.

Un professeur de rhétorique avait donné pour sujet de composition à ses élèves la définition de la poésie. L'un d'entre eux, après avoir essayé de diverses formules dont aucune ne répondait à sa pensée, écrivit sur son cahier : « Pour moi, la poésie, c'est tout ce qui force à penser ; je ne saurais la définir autrement : il me semble que, si l'on pouvait la définir, ce ne serait plus la poésie. »

L'élève avait raison, et c'était bien la réponse que le professeur avait voulu provoquer. Il en est de même de la beauté ; on ne peut pas plus la définir que la poésie ; il y a, pour cela, une raison dont le développement n'entre pas dans le cadre de ce travail, et qu'on livre seulement aux méditations du lecteur : La beauté parfaite est, comme la poésie, un point de vue de l'*infini !*

Ceci ne veut pas dire que rien dans la beauté ne peut être ni défini, ni précisé, mais qu'élevée à sa plus haute expression dans la forme humaine, la beauté parfaite échappe à toute définition.

§ 3. *Figures agréables, gracieuses, char-mantes.* — La figure humaine, celle de la femme principalement, peut être agréable, gracieuse, charmante, et même réunir ces trois qualités à la fois, sans être, dans le vrai sens de cette expression, ni régulièrement, ni poétiquement belle. Dans une figure seulement agréable, la régularité peut donc être absente, mais non pas l'harmonie, au moins à un certain degré; il ne doit s'y trouver rien de trop, rien de trop peu. La forme des yeux, l'expression du regard et les contours heureux de la bouche, sont ce qui contribue le plus à rendre agréable un visage qui ne peut avoir de prétentions à la beauté. Le regard est empreint de douceur sans aucune nuance d'orgueil ; la bouche, exempte des signes du dédain et de l'amour du commandement, ne doit exprimer que la bienveillance et le contentement habituel. Cette dernière condition est de rigueur ; car, s'il est vrai, comme on le dit communément, que les gens ennuyés sont essentiellement ennuyeux, il est également vrai que le visage, d'ailleurs le plus avenant, ne peut être agréable s'il porte l'empreinte de la tristesse ou seulement du mécontentement : tout visage affligé est de toute nécessité affligeant, et ne saurait être autre chose.

La figure agréable devient, en outre, gracieuse, quand elle réunit, surtout dans le dessin du nez et dans le profil de la bouche, les signes d'une exquise délicatesse à ceux de la bienveillance enjouée et de la bonne humeur. La mobilité des traits, c'est-à-dire la facilité à recevoir instantanément toutes les modifications qui résultent des impressions douces et affectueuses, est une des qualités qui contribuent le plus à rendre gracieux un visage agréable en lui-même, mais à qui la grâce ferait défaut, si l'on y pouvait découvrir la moindre trace de grossièreté, et si trop de fixité dans les traits ne leur permettait pas de recevoir et d'exprimer rapidement les impressions dont la succession sur un visage vraiment gracieux est précisément ce qui lui donne une physionomie vive et animée.

Si, aux caractères assignés ci-dessus, un visage agréable et gracieux joint un degré suffisant de beauté, sans atteindre à la perfection, si, par exemple, une femme, sans être belle, est à la fois agréable, gracieuse et jolie, alors elle est plus que belle, elle est charmante ; on l'admire moins, on ne peut s'empêcher de l'aimer. On place ici une réflexion également applicable aux figures des deux moitiés du genre humain. C'est le reflet des sentiments bas, des passions mauvaises, de celles dont on rougit soi-même et qu'on ne peut avouer ; c'est tout cela qui rend si rares les visages agréables, gracieux, charmants, qu'on devrait rencontrer à chaque pas dans le monde.

L'expression de nos traits est donc pour une

large part dans notre dépendance, et chacun peut, dans ce sens, augmenter ses avantages naturels, s'il est bien partagé; s'il l'est mal, le plus mal possible, réduire et faire disparaître sa laideur.

Cela est si vrai que la figure qui nous charme le plus, celle dont l'attrait ne peut être contesté par personne, c'est la beauté dans l'enfant ou l'adolescent qui n'a pas encore désappris l'innocence en faisant le triste apprentissage de la vie, la beauté dans laquelle, comme le fait observer Lavater, n'apparaît encore aucune altération de la pureté native, aucun trait oblique, aucun muscle dénaturé, ni dans l'état de repos ni dans le mouvement.

§ 4. *Figures spirituellement belles.* — Il y a de belles figures qu'on trouve un plaisir particulier à considérer; si l'on cherche à se rendre compte des causes de ce plaisir, on trouve que, dès le premier abord, elles ont éveillé toutes nos sympathies, en nous donnant d'instinct la certitude absolue de n'entendre de leur bouche aucun mot irréfléchi, indiscret, brusque ou grossier, d'être, au contraire, instruits et intéressés par leur entretien. Ce sont les figures que Lavater nomme *spirituellement belles.*

On rencontre rarement, sans la beauté virile, à divers degrés, la grandeur, c'est-à-dire l'impression laissée sur un visage d'homme par les grandes pensées, les grandes actions, les grands devoirs accomplis.

Une figure de ce caractère impressionne fortement les gens les moins impressionnables; ils ne sauraient ni s'en défendre, ni l'oublier; elle peut n'être pas belle, elle ne peut pas être laide.

§ 5. *Figures sublimes*. — Au-dessus de tous ces degrés de la beauté sur les visages des deux sexes, il y a les figures sublimes, dont on peut dire qu'il ne s'en est pas montré de spécimen sur la terre depuis la venue du sauveur des hommes. Aussi, la tête du Christ, dont on ne possède ni portrait, ni statue contemporaine, est restée, par tradition, dans la 'mémoire des hommes, si bien qu'elle ne peut plus être représentée que d'une manière conforme à cette tradition.

On rapporte qu'une dame, en examinant une tête de Christ exposée au salon, ne put s'empêcher de dire tout haut : « Ce Christ est bien peint, mais il n'est pas ressemblant. » Le peintre était près de son tableau, il prit la liberté de demander à la dame pourquoi elle trouvait que son Christ manquait de ressemblance. La discussion s'animant : « Enfin, madame, dit l'artiste, avez-vous donc vu Jésus-Christ, pour décider que mon tableau ne lui ressemble pas ?

— Sans doute, monsieur, dit la dame, sans

se déconcerter; je l'ai vu souvent, comme tout le monde, en priant et fermant les yeux. Mais vous, monsieur, si vous ne l'avez jamais vu de cette manière, comment avez-vous osé le peindre? »

On retrouve le sublime dans la forme humaine idéalisée par les grands artistes. Sans rien dire des contemporains, on peut affirmer que bien des têtes de Raphaël sont sublimes; elles sont au-dessus de l'humanité. Cherchez parmi les plus beaux types humains le modèle de son saint Michel, par exemple; il n'a jamais existé, pas plus du temps de Raphaël que du nôtre, ailleurs que dans la pensée du grand artiste; il a vu le divin archange et l'a fait vivre sur une toile immortelle. Le sublime de la beauté peut exister là, quand le genre humain possède un Raphaël, et les Raphaël sont rares: il n'existe point ailleurs.

§ 6. *Appréciation des caractères.* — L'un des résultats les plus importants du sentiment physiognomonique développé par l'étude, sous le rapport de la pratique de la vie, c'est d'abréger la connaissance des gens avec qui l'on est forcé d'avoir de continuelles relations. Il s'en trouve toujours, parmi eux, de ceux qu'on croit pouvoir connaître en quelques heures, et d'autres qu'on ne connaît pas du tout après les avoir fréquentés pendant dix ans. Mais, si l'homme très dissimulé peut jusqu'à un certain point cacher son âme, il ne peut cacher son visage.

Il y a plus d'un méchant homme dont on peut dire avec Gresset :

S'il cache un honnête homme, il le cache très bien!

« Par l'étude et la pratique de la physiognomonie, on arrive, dit Lavater, à découvrir la nature individuelle de chaque caractère, et la capacité de chaque intelligence, à prédire les sentiments, les actions, les jugements qu'on peut attendre d'un homme. »

« Si jamais, ajoute Lavater, la précipitation et l'étourderie ont fait faillir quelqu'un sous ce rapport, ce quelqu'un, c'est soi-même. Il m'a fallu des années de pratique physiognomonique, pour me guérir de cette précipitation, de cette prodigalité. La bonté du cœur nous dit de donner, de nous fier, de nous livrer; le regard physiognomonique nous enseigne le moment où il faut donner, la personne à laquelle il faut donner; il nous enseigne, par conséquent, la véritable bonté, puisqu'il nous apprend à secourir là où le secours est nécessaire, là où il sera accepté, où il profitera. »

§ 7. *Application des études physiognomoniques.* — Comme application de tous les principes exposés jusqu'ici dans ce traité, rechercher l'empreinte d'une sévérité inflexible portée jusqu'à la plus impitoyable cruauté dans la figure du trop célèbre Fouquier Tinville

Fig. 123.

(fig. 123); la même inflexibilité, la même absence d'humanité, dans le destructeur de Franc-

Fig. 124.

fort, T'Serclaes, de Tilly (fig. 124); la force du génie productif dans la noble tête du peintre

Holbein (fig. 125); l'audace du plus hardi navigateur des temps modernes sur les traits résolus du capitaine Cook (fig. 126).

Fig. 125.

Celui qui, rencontrant dans le monde des physionomies de ce genre, se sentira capable

Fig. 126.

d'en déduire sans erreur tout le caractère, les actions probables des gens porteurs de ces phy-

9

sionomies, dans des circonstances déterminées, n'aura pas lieu de regretter le temps employé par lui à nous suivre dans le cours de ces esquisses physiognomoniques.

———

CHAPITRE X

Physiognomonie de la femme.

§ 1ᵉʳ. *Utilité des applications de la physio-gnomonie aux visages de femmes.* — Les principes généraux de la physiognomonie sont applicables, on le comprend, aux visages de femmes comme aux visages d'hommes. Tout ce qui a été dit sur la signification physiogno-monique des contours de la face, du profil, et des différents traits du visage étudiés séparé-ment, n'a pas besoin d'être répété.

Certaines conformations, certaines physiono-mies indiquant la finesse plus que la force, la délicatesse des sentiments plus que l'élévation et la profondeur de la pensée, se rencontrent plus fréquemment chez la femme que chez l'homme. C'est surtout dans l'étude de ces dé-tails que consiste la physiognomonie particu-lière de la femme.

L'utilité, on pourrait dire la nécessité de l'étude de cette division de la physiognomonie n'a pas besoin d'être démontrée. L'homme exercé aux observations physiognomoniques saura mieux que tout autre, dans ses relations avec le beau sexe, suivre la trace de la raison jusqu'au point où elle semble se séparer du cœur, reconnaître l'imagination sous le masque du sentiment, et sentir profondément ce que l'innocence a de sacré, d'intime, de respectable, ce qu'il y a de divin dans la pureté féminine, ce qu'il y a de profane dans la coquetterie artificieuse et corrompue. C'est le sentiment physiognomonique qui seul peut, en effet, arrêter un honnête homme sur la pente fatale d'une passion dangereuse, lui faire retirer à temps une affection mal placée et le mettre sur la trace des qualités mauvaises de la femme indigne de ses vœux, en dépit de ses charmes apparents et de sa dissimulation. Il suffit pour cela qu'il examine avec une attention suffisante une bouche contractée par le rire dédaigneux de l'ennui, le mépris insolent et l'ineptie prétentieuse; qu'il découvre les traces d'un caractère impérieux dans les lignes du nez, et celles de la prédominance de la sensualité, dans les lignes de tout le bas de la figure. Quand même ces signes ne seraient pas d'abord très apparents, il suffit qu'ils donnent l'éveil à la sagacité du physiognomoniste, qu'ils impriment une direction à la suite de ses observations.

Rappelons à ce sujet la phrase par laquelle Bernardin de Saint-Pierre termine la *Chaumière indienne* : « On n'est heureux qu'avec une bonne femme. » Dans tous les pays et dans tous les rangs sociaux, les femmes réellement bonnes et capables de rendre heureux un honnête homme ne sont jamais rares ; mais, à peu d'exceptions près, sur toute la surface du globe, la condition de la femme lui impose tant de réserve, que ses qualités les plus précieuses ne paraissent pas par elles-mêmes au dehors : il faut les étudier et les découvrir.

§ 2. *Signes de la perfection chez la femme.* — « Si vous apercevez, dit Lavater, la beauté d'une femme noble et pure, dont l'âme innocente et candide, pleine d'affection et d'amabilité, faite pour charmer d'une manière irrésistible tous ceux qui l'approchent, est d'une sensibilité exquise, ouverte à toutes les impressions généreuses ; si vous remarquez sur son front voûté une aptitude immense à recevoir les instructions du sage, dans ses sourcils concentrés, mais non trop fortement tendus, un fonds caché et inépuisable de sagesse ; dans le contour ou la forme délicate de son nez, le goût le plus fin et le plus épuré ; si vous voyez à travers deux rangées de dents d'une éblouissante blancheur une bonté infinie répandue sur ses lèvres fraîches et gracieuses ; si vous sentez dans chaque souffle, chaque mouvement de sa bouche, l'humilité et la bienveillance, la douceur et le tendre intérêt, dans le son de sa voix une noble sagesse ; si dans chaque regard de ses yeux à demi baissés et d'une modeste franchise vous rencontrez une âme qui paraît accueillir fraternellement la vôtre ; si vous la voyez supérieure à tous les tableaux et à toutes les descriptions, votre sentiment physiognomonique ne vous donnera-t-il pas un salutaire avertissement ? »

On transcrit ce passage en entier, parce qu'il résume assez exactement les signes favorables qu'on ne rencontre presque jamais réunis sur un visage de femme, mais dont le plus grand nombre, ou même quelques-uns seulement des plus importants, peuvent faire naître dans un cœur bien placé un sentiment profond, base du bonheur de toute la vie.

C'est encore le même sentiment, développé par l'étude et par les observations physiognomoniques, qui vous éloigne au premier aspect de la femme dont tous les traits expriment le froid scepticisme et l'absence du sentiment religieux.

« Un homme sans religion, dit Lavater, est comme un malade qui veut se persuader qu'il est bien portant et qu'il n'a pas besoin de médecin ; une femme sans religion est une créature abominable et contre nature. »

§ 3. *Valeur physiognomonique du profil féminin*. — Dans l'étude de la physiognomonie de la femme, le profil est d'une signification plus complète que dans l'étude des figures d'hommes; c'est pourquoi les silhouettes de femmes sont particulièrement instructives. Dans celle d'une femme du monde approchant de très près de la perfection, la forme remarquablement élégante du nez s'harmonise avec la courbure du front, la modestie intelligente de la bouche, et la sévérité alliée à la bonté, des lignes de tout le bas du visage. On reconnaît sans effort sur une semblable silhouette la douceur bienveillante, le calme habituellement silencieux du caractère, et toutes les vertus d'une bonne mère de famille alliées à un esprit délicat et prudent.

§ 4. *Silhouettes et profils de femmes*. — Dans la silhouette (fig. 116, p. 130), les indications sont entièrement différentes; c'est le profil d'une jeune fille très ordinaire, tant sous le rapport des dons naturels que sous celui des avantages acquis par l'éducation. « Ici, dit Lavater, en analysant le sens physiognomonique de cette silhouette, point de génie, mais la circonspection, la timidité virginale, la docilité, la modestie, la naïveté la plus douce d'une jeune fille. Point d'intelligence productive, point d'héroïsme; mais une patience pieuse et tranquille, le désir d'apprendre et non d'enseigner, plus de passivité que d'activité, plus de bon sens droit et juste que d'imagination légère ou d'humeur spirituelle. »

Étudiez bien cette silhouette, vous y trouverez tout cela et bien d'autres choses encore qui vaudront à la jeune fille douée d'un pareil profil, votre estime et votre affection.

Fig. 127.   Fig. 128.

Dans les deux profils de femmes grecques, empruntés à la statuaire antique (fig. 127 et 128), la ressemblance est frappante : ce sont en effet deux sœurs ; mais, bien examinées au point de vue physiognomonique, ces profils accusent de très sensibles différences; tout, dans le n° 127, exprime un degré supérieur d'élévation dans le caractère, une grande supériorité intellectuelle, une grande noblesse de sentiments. Le n° 128, rien que par des différences à peine indiquées, surtout dans le sourcil et le tracé du menton, est plus vulgaire, plus sensuel que le précédent, et manque essentiellement d'élévation.

Les deux profils grecs, d'après l'antique (fig. 129 et 130), sont des modèles de régularité sans beauté réelle, c'est-à-dire sans expression. On peut encore trouver, dans le n° 129, une sorte de charme naïf et d'innocente pureté,

Fig. 129.

Fig. 130.

principalement exprimés par les contours de l'œil et ceux de la bouche; dans le n° 130, on ne peut rien trouver que le vide. « Vraiment, dit Lavater en analysant ce profil, je ne voudrais ni pour ma mère, ni pour ma sœur, ni pour ma femme, d'une semblable figure, vrai visage de marbre, si froid, si vide, si insensible; le précédent pourrait encore nous séduire par une apparence de timidité; pour être trompé par celui-ci, il faudrait vouloir l'être. »

L'œil se repose avec plus de plaisir sur le

9.

profil de femme (fig. 131). L'esprit, la grâce, tous les sentiments honnêtes et bienveillants, sont écrits sur les lignes de ce profil, et ne peuvent être effacés ni diminués dans leur expression par la plus disgracieuse des coiffures. Les contours du nez et ceux de la bouche

Fig. 132.

Fig. 131.

sont tout particulièrement empreints de grâce féminine attrayante et sympathique au plus haut degré.

Comme contraste; étudiez les plis innombrables de cette bonne figure (fig. 132), qui, selon une locution familière, pourrait bien n'avoir jamais été ni jeune ni jolie, mais qui n'en a pas conservé de ressentiment. C'est une brave ménagère, qui a probablement lutté longuement et rudement contre les plus cruelles difficultés de l'existence. Son front est essen-

tiellement féminin, sa bouche exprime en
même temps la bonté et l'amour d'une sévère
économie; toutes les rides de son visage annoncent un esprit concentré sur la sphère étroite
de son activité domestique, et qui s'élèverait
difficilement au delà.

Fig. 133.

Comparons cette figure à celle bien connue
de la czarine Catherine II, de Russie, née prin-
cesse d'Anhalt-Zerbst, par conséquent appartenant à la race germanique pure (fig. 133).
Tout ce qu'il y a d'élevé et de spirituel dans
les lignes du front et de l'œil ne peut racheter
ce qu'il y a de sensualité poussée jusqu'aux
extrêmes limites de la dépravation dans la
bouche, le menton et toutes les lignes du bas
du visage. C'est bien la femme bel esprit, scep-
tique raffinée du dix-huitième siècle, qui,

montée sur le trône par le meurtre de son
époux, offrit au monde le spectacle scandaleux
de désordres égaux à ceux des femmes des empereurs de Rome à son déclin, ou de Byzance
courant vers la ruine.

————

CONCLUSION

§ 5. *Résumé.* — On s'est peu occupé de faire
progresser la physiognomonie depuis Lavater;
on a eu tant de choses à faire depuis ce temps-
là! On n'avait pas le temps. Pourtant, dans
son ensemble, la génération européenne de nos
jours est fort curieuse à étudier au point de vue
de la physiognomonie. Il y a une vingtaine
d'années, un philosophe morose, M. Alexandre
Dumesnil, était surtout frappé du grand nombre
des physionomies portant l'empreinte très
visible des analogies les plus prononcées avec
les animaux de proie. Les lignes caractéristiques de l'avarice, de la cupidité, de l'avidité
sans frein, sont, en effet, moins rares que
jamais, cela ne peut être contesté. Mais il ne
faut pas plus juger la génération mâle d'après
ces types rapaces, malheureusement trop répandus dans le monde, qu'il ne faut juger
l'autre moitié du genre humain sur le vu de ces
vieilles hideuses, filles entretenues en retraite,

qui tripotent à la bourse avec leurs économies, par l'entremise des courtiers marrons. Les types de loyauté, d'honnêteté, de franchise, de dévouement surtout, l'emportent, et de beaucoup, sur les types de rapacité, de bassesse et de lâche hypocrisie. Les dix justes qui auraient pu épargner le feu du ciel à la ville coupable ne sont pas, croyez-le bien, absents de la société contemporaine; cherchez autour de vous, en appliquant les principes de la physiognomonie, vous les découvrirez facilement; vous les aimerez, et, en leur faveur, vous pardonnerez au reste du genre humain.

Et puis il y a une dernière réflexion, qu'en terminant, je vous livre pour ce qu'elle peut valoir : bien étudié, au point de vue de la physiognomonie, le genre humain ne se montre ni très beau ni très près de la perfection morale, j'en conviens : et vous?

FIN DE LA PREMIÈRE PARTIE.

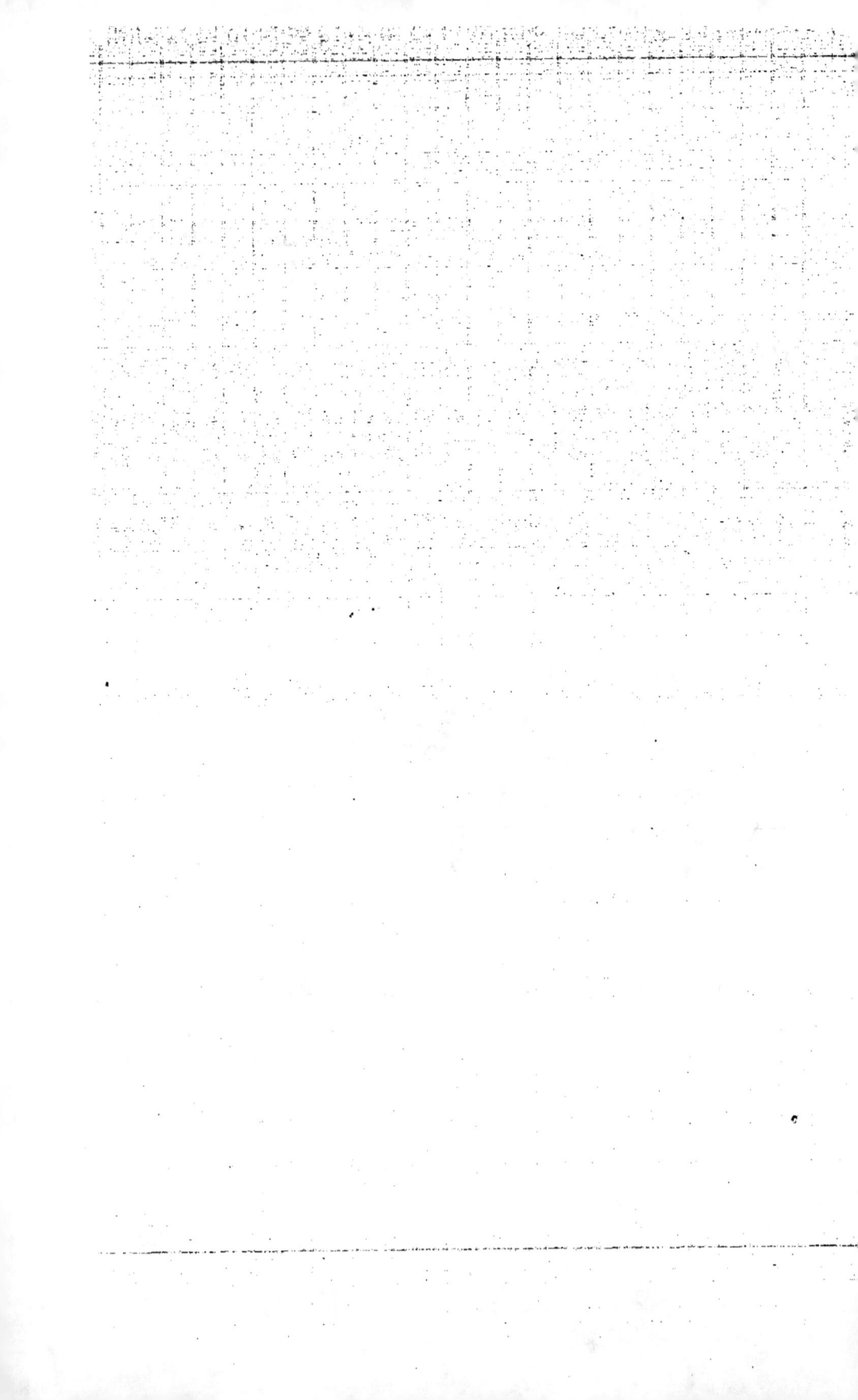

SECONDE PARTIE

PHRÉNOLOGIE

NOTICE SUR GALL ET SES OUVRAGES

François-Joseph Gall naquit, le 9 mars 1758, dans une petite ville du grand-duché de Bade. Sa famille était d'origine italienne ; son grand-père, qui habitait Milan, se nommait Gallo. Ayant eu des motifs pour venir se fixer en Allemagne, sans arrière-pensée de retour en Italie, la famille Gallo germanisa son nom en en supprimant la voyelle finale. Cette famille, d'ailleurs parfaitement honorable, vivait dans une situation des plus modestes. M. Gall, père du phrénologue, avait dix enfants, dont François-Joseph était le septième. Tout entier au commerce, qui lui fournissait les moyens d'élever un si grand nombre d'enfants, il ne pouvait leur donner à chacun individuellement qu'une éducation fort limitée. Heureusement pour le jeune François-Joseph, ses dispositions pour l'étude furent remarquées d'un de ses oncles, curé d'une paroisse des environs de Carlsruhe. Gall lui dut sa première éducation, et, plus tard, des ressources suffisantes pour pouvoir aller étudier la médecine à Strasbourg. Ce fut à cette école, en suivant avec assiduité les leçons du savant anatomiste Hermann, que Gall commença à diriger ses vues vers l'anatomie du cerveau, à laquelle il devait faire faire tant de progrès. Déjà riche d'une ample provision de savoir, Gall se rendit à Vienne, et s'y fit recevoir docteur en médecine; il avait alors l'intention de s'y fixer et de s'y créer une clientèle. C'est à cette époque qu'à l'exemple de Lavater, dont il était l'admirateur passionné, il s'appliqua à rechercher dans l'homme extérieur les signes visibles de ses facultés naturelles, recherches basées sur l'étude approfondie du système nerveux, de l'anatomie du cerveau, et de la conformation du crâne. Activement secondé par son élève et collaborateur l'anatomiste Spurzheim, Gall ouvrit à Vienne des cours sur l'anatomie du cerveau et les applications entièrement neuves de cette branche de l'anatomie. Ces cours eurent tout d'abord un grand succès, trop grand pour le jeune professeur ; car ils éveillèrent les susceptibilités d'une autorité ombrageuse qui lui interdit l'enseignement, par le motif que son système menait au fatalisme et au matérialisme, deux erreurs dont Gall s'est toujours énergiquement défendu.

Forcé par cette persécution de quitter Vienne, Gall vint s'établir à Paris. Il y travailla avec suite à son grand ouvrage, œuvre capitale sur laquelle repose sa juste réputation. Il n'en commença la publication qu'en 1810, sous le titre d'*Anatomie et physiologie du système nerveux, et du cerveau en particulier*. Cette publication ne fut terminée qu'en 1819. L'ouvrage complet forme quatre volumes grand in-4°, avec atlas de cent planches gravées. Quelque opinion qu'on puisse avoir du système de Gall, ce grand travail n'en demeure pas moins un monument dont l'importance scientifique ne peut être méconnue d'aucun anatomiste de bonne foi. Le séjour de Gall à Paris ne fut pas constamment heureux et calme, comme il l'avait espéré. A l'exception de Corvisart, qui fut toute sa vie le partisan et l'ami dévoué de Gall, les grandes célébrités médicales du temps se prononcèrent contre lui. Les choses en vinrent au point que les médecins de Paris les plus répandus refusaient leurs soins aux malades qui accordaient leur confiance au docteur Gall, ne voulant pas se trouver en consultation avec lui.

Gall n'avait pas de fortune, et peut-être se préoccupait-il un peu trop du soin d'en acquérir. Il crut un moment qu'en allant exposer son système dans des séances publiques en Angleterre, il pourrait arriver rapidement à l'opulence qu'il ambitionnait ; il ne recueillit en Angleterre que des déceptions, et revint se fixer dans une modeste maison de campagne, à Montrouge, dans la banlieue de Paris. Gall s'était fait naturaliser Français en 1819 ; il mourut à Montrouge en 1823, âgé de soixante-cinq ans, ne laissant pas de fortune à sa veuve. Il légua par testament à l'École de médecine de Paris sa collection, unique dans le monde, de crânes humains, les uns conservés, les autres moulés sur nature. Gall a souvent exprimé le regret de n'être venu qu'après Lavater ; ces deux hommes également supérieurs, également convaincus, concertant leurs travaux et leurs recherches,

auraient probablement obtenu des résultats qui
seront dus à leurs successeurs dans l'étude approfondie de la physiognomonie et de la phrénologie, deux rameaux de la même science, qui
ne sauraient progresser l'un sans l'autre.

CHAPITRE PREMIER

Notions générales.

Il y a peu de divisions de la science qui offrent autant d'attrait que la phrénologie à l'homme studieux et observateur, et, quoique l'opinion contraire soit enracinée chez les gens superficiels, il n'y en a pas qui reposent sur des données plus certaines et plus positives. Les liens intimes qui rattachent l'étude de la phrénologie à celle de la physiognomonie ne peuvent échapper à personne : Gall a continué et complété Lavater. Dans la plupart des traités de phrénologie, écrits dans le but d'initier le public à cette branche du savoir humain, les auteurs se sont bornés à donner des figures plus ou moins exactes accompagnées d'explications plus ou moins lucides et d'anecdotes plus ou moins vraies. Il y a mieux à faire lorsqu'on cherche à intéresser le lecteur au sujet d'un livre, et à lui offrir des résultats qu'il puisse appliquer lui-même pour son utilité et celle d'autrui. On sait que le célèbre docteur Petit, médecin de Louis XV, arrêtait souvent un inconnu dans la rue pour lui dire : « Mon ami, rentrez vite chez vous et faites-vous saigner, ou bien demain vous n'y serez plus; je vous donne cet avis gratis; je suis le premier médecin du roi. » Le docteur Petit sauva, par ce singulier procédé, bien des gens qu'il ne connaissait pas et qu'il ne chercha jamais à connaître.

Celui qui étudie sérieusement la phrénologie est souvent tenté, comme le docteur Petit, s'il remarque des indices très saillants sur le front d'un individu, de l'arrêter et de lui dire : « Ami, méfiez-vous; vous avez en vous tel penchant funeste que vous ne combattez pas; il vous perdra. » Sans aller si loin, l'examen phrénologique de la tête de ses enfants, de ses proches, de ceux sur lesquels il peut être appelé à exercer une légitime influence, peut révéler à l'homme des aptitudes spéciales à développer, des penchants vicieux à réprimer en temps utile; nul doute que, pour lui comme pour les autres, il ne puisse en résulter un grand bien : c'est ce qu'il me sera facile de démontrer.

Mais, avant tout, il est indispensable de bien faire comprendre au public, généralement étranger aux notions de l'anatomie et de la physiologie, sur quoi repose la phrénologie. Tant qu'il est permis de la considérer comme une théorie empirique, reposant sur des bases arbitraires, ce n'est pas la peine de s'en occuper. Des faits précédemment mal observés, par conséquent incomplètement connus, ont été le point de départ de la phrénologie. L'homme du monde peut parfaitement saisir l'ensemble de ces faits et s'en rendre un compte satisfaisant : ce premier pas franchi, les idées qu'il peut s'être formées au sujet de la phrénologie seront profondément modifiées ; les préjugés qu'il pouvait avoir conçus contre elle seront dissipés ; rien ne lui semblera plus naturel que d'en déduire les applications. Dans l'étude des sciences, c'est toujours par les faits qu'il faut commencer ; on ne peut ici que reproduire cette phrase expressive de Gall lui-même :

« Le naturaliste est, avant tout, l'esclave de la nature ; il doit savoir ce qui est ; après, il pourra se livrer à son désir de savoir pourquoi ce qui est est comme il est. »

Rappelons d'abord le grand fait physiologique du renouvellement incessant, depuis la naissance jusqu'à la mort, de toutes les parties dont se composent les êtres animés, l'homme de même que les animaux. Par la nutrition d'une part, la transpiration et les autres fonctions vitales de l'autre, l'homme physique reçoit et perd à chaque instant de son existence des parcelles de lui-même ; la rénovation est complète et périodique : de là les modifications que le temps apporte aux divers tempéraments. Considérons à part, sous ce rapport, la tête, enveloppe du cerveau, lequel est exclusivement l'organe de toutes les facultés intellectuelles, de toutes les qualités morales de l'individu.

Avant la naissance, l'enveloppe du cerveau n'a pas de solidité ; quelques points seulement, sur chacune des pièces qui seront les os du crâne, se solidifient en rayonnant. Au moment de la naissance, l'ossification du crâne commence à marcher rapidement ; il reste longtemps encore, sur les limites des principaux os du crâne, des parties molles, non encore ossifiées, ce qu'on nomme des *fontanelles*. Jusqu'au complet développement de l'individu, le crâne manque, jusqu'à un certain point, d'épaisseur ; plusieurs de ses parties restent extrêmement minces et ne s'endurcissent qu'avec l'âge. Le cerveau, renfermé dans cette boîte osseuse, croît et se développe successivement ; la surface de la boîte, en contact avec lui, se moule sur lui, et la forme que ce moulage lui imprime se voit sur la surface extérieure du crâne, bien que celui-ci ne soit pas partout d'égale épaisseur. Il semble aux gens étrangers à la physiologie que le phénomène devrait se passer en sens inverse, et que c'est le crâne solide qui devrait passer sa forme au cerveau moins consistant : c'est cependant, en fait, le contraire qui a lieu. Le cerveau serait contraint, effectivement, de mouler sa surface supérieure sur la surface interne de la boîte osseuse du crâne, si cette boîte était permanente en réalité, ainsi qu'elle l'est en apparence. Mais, dans le fait, crâne et cerveau se renouvellent à chaque moment, sans interruption.

A mesure que des parcelles partent et que d'autres arrivent, soit au cerveau, soit au crâne, chacune d'elles prend sa place régulièrement pour continuer la tête de l'être vivant; celles qui composent le crâne doivent, par l'effet naturel de cette rénovation de tous les instants, prendre et, par conséquent, révéler la forme de la partie supérieure du cerveau en contact direct avec la surface interne du crâne : c'est la base de la phrénologie.

Depuis que l'anatomie du cerveau est étudiée à fond, on désigne sous le nom de *circonvolutions* les saillies mamelonnées du cerveau humain à sa partie supérieure. Le développement des circonvolutions varie d'un individu à un autre; il varie plus encore chez le même individu à diverses époques de son existence : de là les formes extérieures si variées des crânes humains; de là aussi les changements profonds que peut offrir le crâne du même individu, observé à différentes périodes de son existence. Au moment de la naissance, ces différences n'existent pas, ou, du moins, elles ne se manifestent encore par aucun signe extérieur ; tous les crânes d'enfant se ressemblent, bien que tous apportent en naissant, comme un héritage paternel ou maternel, des prédispositions à un développement prépondérant de l'une ou de l'autre des circonvolutions du cerveau, développement qui se traduira plus tard en signes extérieurs visibles, en saillies ou *protubérances*, à la surface extérieure du crâne.

Avant d'aller plus loin, je crois devoir répondre à la grande objection posée contre l'étude de la phrénologie en général. On a dit : Si, comme le prétendent les phrénologues, les inclinations bonnes ou mauvaises de l'homme correspondent aux circonvolutions du cerveau, et que la puissance de ces inclinations soit irrésistible, vous enlevez à l'homme son libre arbitre, sa puissance sur lui-même ; il peut se livrer à tous les vices, commettre tous les crimes, en se tenant habilement hors des atteintes de la loi, et dire pour sa justification : « Ce n'est pas ma faute ; j'ai la protubérance du vice et du crime ; je ne puis pas faire autrement. »

Si telle était réellement la conclusion de la phrénologie, elle serait, en effet, l'expression de la fatalité et du plus monstrueux scepticisme ; elle conduirait à tous les excès, à tous les désordres, à l'impossibilité de l'état social. Heureusement, il n'en est rien, et pour ceux qui accusent d'incrédulité Gall, le fondateur de la phrénologie, il suffit de citer cette phrase de son introduction :

« L'homme ne veut pas toujours se persuader que c'est le doigt de Dieu qui lui imprime le premier mouvement. »

A mesure que l'être humain, enfant d'abord, puis adolescent, puis homme, grandit et se développe, il se manifeste en lui des aptitudes, des inclinations louables qu'il faut développer et favoriser, des penchants fâcheux qu'il faut réprimer. Livrez-le à lui-même, sans guide, sans principes, il pourra lui arriver de s'abandonner à de mauvaises passions; les circonvolutions du cerveau qui correspondent à ces passions deviendront prépondérantes; s'il n'emploie pas la force de sa volonté à les dominer, elles le maîtriseront; mais il y aura eu, et il y a toujours, un moment où il ne tenait qu'à lui de les empêcher, de le dominer, quand même son éducation n'aurait pas été dirigée dans ce sens. Gall avait connu un soldat allemand, fils d'un boucher, qui avait pris plaisir, depuis son enfance, à tuer et à voir tuer; la protubérance du meurtre avait pris chez lui un développement effrayant. Brave et honnête garçon au fond, il s'était fait soldat; quand il sentait des accès de fureur, l'envie de tuer s'emparer de lui malgré lui, il priait ses camarades de le garrotter; puis, il rentrait dans son état habituel.

Cet homme, par la seule énergie de sa volonté, a fini par triompher de son penchant au meurtre. Les hôpitaux militaires de Paris ont offert des exemples récents du même fait.

Examinez le crâne d'un astronome, d'un ingénieur, d'un homme livré depuis sa jeunesse à l'étude du calcul sous diverses formes, comme occupation principale, cet homme, qui a fini inévitablement par n'être plus apte à autre chose, a la protubérance des nombres très développée; il a presque nulles, ou même remplacées par des dépressions, les protubérances de la musique, de la poésie, des facultés du domaine de l'imagination, dont il n'a jamais fait usage. Il en est de même des qualités morales; il y en a qui se perdent parce qu'on n'en use pas; c'est la faute de ceux qui les perdent ou les laissent perdre chez les enfants soumis à leur direction. La protubérance de l'affectivité, de la faculté d'aimer ses semblables, manque souvent; elle ne s'est pas développée chez l'enfant à qui vous avez enseigné, par vos exemples, l'égoïsme, la cupidité, la sécheresse de cœur; elle serait prépondérante si vous l'aviez voulu; elle le sera, s'il veut, et il ne tient qu'à lui de vouloir. J'ai connu l'homme peut-être le plus avare de France, je dirais presque d'Europe. Cet homme aimait son père avec vénération, avec idolâtrie; il eût été capable pour lui de tous les sacrifices, même d'argent.

Ainsi, Dieu permet quelquefois que l'homme naisse avec des inclinations mauvaises, qui peuvent lui être transmises par hérédité ; mais il naît de même, et toujours, avec l'énergie de volonté nécessaire pour en triompher ou les diriger vers le bien ; s'il n'use pas de ce pouvoir, c'est sa faute, et il en doit supporter la juste responsabilité devant Dieu et devant les hommes : la phrénologie n'a pas d'autres conclusions. Seulement, elle conclut à beaucoup d'indulgence pour les malheureux qui ont laissé se former en eux des protubérances qui les dominent, surtout quand ils sentent leur position, qu'ils veulent en sortir, et qu'ils ont besoin pour cela, non de rigueur, mais d'aide et d'encouragement.

Le repentir, le retour au bien, par le seul effort d'une volonté ferme et réfléchie, sont toujours possibles, même quand l'instinct pervers est le plus ancien et qu'il se produit à l'extérieur par les protubérances les plus prononcées. Un vieux voleur de profession, subissant sa peine en prison, tombe malade ; à l'hôpital, sentant sa fin prochaine, il demande un prêtre qui juge son repentir sincère et l'absout. Le voleur, quelques instants plus tard, prie 'un infirmier de courir après le prêtre et de le ramener. Tandis qu'il se confessait, le voleur avait pris la montre du prêtre et l'avait cachée sous son oreiller. Ayant horreur d'une pareille action commise dans un pareil moment, il rendit la montre et reçut une nouvelle absolution après laquelle il expira. Cet homme avait la protubérance du vol à son maximum de développement. S'était-il sincèrement repenti? Avait-il lutté de tout son pouvoir contre un penchant devenu par sa faute plus fort que sa volonté? Le prêtre n'en douta pas, et il eut raison de n'en pas douter.

Au commencement de ce siècle, un incendiaire fut pris et exécuté en Allemagne; il s'était rendu coupable de neuf incendies. On voit dans son procès que, deux ans avant son jugement, il avait volontairement mis un terme à sa carrière de crimes. A son neuvième incendie, un enfant poussait des cris lamentables au milieu des flammes; l'incendiaire se jeta résolument dans le feu, et sauva l'enfant; depuis ce jour, il prit la résolution de résister à ses tentations de mettre le feu, et il se tint parole; sans une circonstance fortuite, ses crimes antérieurs seraient restés impunis; il reconnut la justice de l'arrêt qui le frappait et mourut en chrétien; il s'était vaincu lui-même, et, hors sa manie d'incendier, il n'avait pas cessé d'être honnête homme. La protubérance de la destruction, quand on l'a laissée s'établir, est une des plus difficiles à vaincre; mais difficile n'a jamais voulu dire impossible.

Parmi les facultés qui se traduisent par le

développement de certaines circonvolutions du cerveau et la formation de certaines protubérances à la surface extérieure du crâne, il en est qui sont particulières à l'homme et n'existent jamais que chez lui ; d'autres lui sont communes avec divers animaux. Les protubérances qui correspondent aux facultés exclusivement réservées à l'homme ont toutes leur siège à la partie supérieure du crâne, principalement sur le haut du front. Telles sont en particulier les protubérances de la sagacité comparative, de la profondeur du jugement, de l'esprit, de la poésie, du sentiment religieux. Les protubérances qui correspondent aux facultés communes à l'homme et aux animaux, notamment celles de la propagation, de l'amour de la progéniture, de la défense personnelle, de la ruse, de l'approvisionnement, sont toujours placées au bas du crâne, soit en avant, soit en arrière.

Les facultés qui se prêtent un mutuel appui sont toujours représentées par des protubérances placées à côté les unes des autres ; c'est ainsi que celle de la propagation touche à celle de l'amour de la progéniture ; les facultés fondamentales, les plus nécessaires à la race comme à l'individu, correspondent à des protubérances toujours placées près de la base du crâne : telles sont celles de la propagation, de l'amour de la progéniture et de la défense personnelle.

On se demandera, sans doute, comment ces lois si bien en harmonie entre elles ont pu être constatées? Elles l'ont été par l'observation. Une fois que l'anatomie du cerveau, en santé comme en maladie, a été bien étudiée et qu'elle a mis en évidence le fait fondamental de la correspondance des circonvolutions avec les facultés, la corrélation des circonvolutions et des protubérances, la clef de la Phrénologie était trouvée; il ne s'agissait plus que de relever exactement les faits, en multipliant les observations. Vous rencontrez, par exemple, dans le monde, un homme qui vous est inconnu, chez lequel la protubérance d'une qualité éminente à un degré supérieur est très prononcée. « Faites causer cet homme, dit Gall; dirigez l'entretien sur la faculté que dénote la protubérance; la supériorité supposée se révélera, si elle existe. Où est celui qui n'aime pas à déployer toute l'activité de son esprit, lorsqu'il se trouve placé dans sa sphère? »

Ainsi, les occasions et les sujets d'observation n'ont pas manqué pour constituer et coordonner toutes les parties de la Phrénologie; elles ne manquent pas pour la soutenir. Elles confirment journellement non seulement la possibilité pour l'homme de rétablir l'équilibre entre ses facultés et ses penchants, et d'empêcher ainsi les protubérances fâcheuses de se développer, mais encore le pouvoir, quand les protubérances existent, d'en combattre l'influence par la volonté, ce levier puissant dont Dieu a doté l'homme pour vouloir le bien, selon cette parole de l'Écriture : « *Paix sur la terre aux hommes de bonne volonté !* »

Le point de vue le plus sérieux sous lequel on doive envisager les applications de la Phrénologie, c'est l'éducation, ce travail de l'homme sur l'homme, travail qui dure autant que son existence. Que d'enfants déroutés, égarés dans des voies antipathiques à leur nature, finissent par nuire à la société qu'ils pouvaient servir, parce que leurs aptitudes, lisibles sur la forme extérieure du crâne, n'ont pas été consultées ! Que de femmes ont à se reprocher d'avoir laissé dominer en elles des passions mauvaises, et d'avoir, par cela seul, donné le jour à des enfants nés avec la tâche difficile de lutter toute leur vie contre des penchants pervers héréditaires !

Éclairées par la Phrénologie, en garde contre elles-mêmes, pénétrées de la sainteté des obligations de la mère envers l'enfant qui n'est pas né, elles pouvaient, si elles l'avaient voulu, se réformer elles-mêmes, donner le jour à des enfants nés pour le bien, ayant devant eux la vie facile et douce, au lieu d'une existence de luttes où la victoire ne peut être que le fruit de la persévérance, et où beaucoup, hélas ! succombent de lassitude sur la route !

Ainsi, la Phrénologie, prise de son vrai point de vue, peut concourir à guider l'homme dans la pratique du bien : c'est sa principale destination. S'il s'en sert, comme de la Physiognomonie, pour chercher à connaître à fond ceux qui l'entourent éviter le contact de ceux qui peuvent lui nuire, se rapprocher de ceux avec lesquels il sympathise en raison de la conformité de leurs penchants avec les siens, qui donc a le droit de l'en blâmer?

Enfin, pour effacer jusqu'à la dernière trace de tendance au matérialisme et à l'athéisme, tendance si injustement reprochée au fondateur de la science phrénologique, on transcrit en entier le passage suivant, dans lequel Gall, avec l'ardente conviction d'un cœur sincèrement croyant, repousse cette odieuse accusation :

« Si quelqu'un peut devenir athée, dit Gall, ce n'est pas celui qui s'occupe en grand de l'étude de la nature, puisqu'à chaque instant il rencontre des phénomènes qu'il ne peut expliquer par aucune des lois connues du monde matériel. Il aperçoit, non seulement les merveilles incompréhensibles des organisations particulières, mais aussi le sage enchaînement de l'ensemble. Rien, dans l'univers, n'est isolé; tous les mondes ont été mis dans une corrélation réciproque; la nature inanimée l'est avec la nature vivante; tous les êtres vivants le sont les uns avec les autres. Qui donc peut méconnaître une cause de toutes les causes, une intelligence de toutes les intelligences, un ordonnateur de tous les ordres, en un mot, un *Dieu?* »

Cette citation semble suffisamment explicite quant à la donnée religieuse, pour qu'il n'y ait plus lieu d'y revenir. Quant à la donnée morale, les phrénologues pensent que si l'homme, pour arriver à la pratique du bien, n'avait pas à lutter contre de mauvais penchants, contre des dispositions à faire ce qu'il sait être mal, il ne serait pas, par cela seul, capable de vertu; car la vertu, c'est la force morale de l'homme, la force de sa volonté libre, appliquée à combattre ses penchants au mal, et à les vaincre. Cette doctrine n'est en aucune manière de l'invention des phrénologues; c'est celle que soutenaient, chez les anciens, Platon, Aristote et Cicéron; ce fut celle des Pères de l'Église; c'est celle de Pascal et de Kant. En admettre une autre, ce serait faire de l'homme, au lieu d'un être libre, pouvant mériter et démériter, une machine bien réglée ne pouvant pas faire autre chose que le bien, n'ayant par conséquent aucun mérite à bien faire. La Phrénologie n'a donc rien qui puisse effaroucher ni les moralistes ni les hommes les plus profondément religieux.

Malgré l'importance des travaux de Gall, de Spurzheim et des physiologistes de leur école,

il s'en faut de beaucoup que la science phrénologique soit complète; la carte du crâne, s'il
est permis d'user de cette expression, est seulement esquissée; les grandes lignes sont
tracées, les divisions principales sont déterminées, les points saillants sont fixés : c'est
déjà beaucoup. Dans l'exposé qui va suivre,
on prend, bien entendu, la Phrénologie où elle
en est en ce moment (1862), sans préjudice
de ses progrès ultérieurs, qui doivent résulter
des travaux non interrompus des phrénologues
contemporains; car il y en a, et il y en aura
toujours.

On laisse de côté l'opinion, longtemps sou-
tenue par des savants de premier ordre, qui
admettait que le volume du cerveau est, chez
les animaux, la mesure de l'instinct, et que de
tous les animaux doués d'un cerveau, l'homme
est celui chez lequel le cerveau est le plus volumineux; le fait ne supporte pas l'examen dans
l'état actuel de nos connaissances en physiologie; l'éléphant et la baleine ont le cerveau
bien plus gros que celui de l'homme, et ils ne
peuvent assurément lui être comparés quant à
l'intelligence. Mais, en général, chez l'homme,
ce sont les cerveaux les plus gros qui correspondent aux facultés les plus étendues. Si
toutes ces facultés ne se dessinent pas par des
protubérances à la surface extérieure du crâne,
c'est que celui-ci est formé de deux lames qui,

à mesure que les individus avancent en âge, deviennent de moins en moins régulièrement parallèles ; leur intervalle est rempli de la substance d'une nature particulière nommée *diploé*. La forme extérieure du crâne n'accuse donc que les parties les plus saillantes de la configuration de la surface supérieure du cerveau ; les nuances et les transitions n'y sont pas représentées. C'est entre l'âge de trente ans et celui de quarante, un peu plus tôt chez la femme, un peu plus tard chez l'homme, que le crâne a pris la configuration qu'il doit conserver. Dans la vieillesse, le crâne, sans changer de forme, s'épaissit en devenant de plus en plus léger et spongieux.

Il reste donc acquis à la science que la forme de la tête révèle les formes principales du cerveau, et que le cerveau, pris dans son ensemble, n'est pas, comme on l'a cru longtemps, un organe unique agissant avec la même énergie et dans le même sens, par la totalité de ses parties, mais un composé de plusieurs organes figurés intérieurement par les circonvolutions, extérieurement par les protubérances, exerçant par chacune de ses divisions une action distincte, séparément appréciable ; il existe autant d'organes dans le cerveau que l'homme possède d'aptitudes et de facultés.

Le crâne, au moment de la naissance, à la suite d'un accouchement très laborieux, est quelquefois singulièrement déformé; mais, si la pression subie par la tête de l'enfant pendant le travail n'a pas été assez forte pour mettre sa vie en danger, le cerveau réagit presque immédiatement sur son enveloppe, alors très peu consistante ainsi qu'on l'a déjà fait observer, et la tête du nouveau-né revient à sa forme normale. Jamais l'enfant, à sa naissance, n'apporte un crâne conformé comme il doit l'être ultérieurement. Il faut beaucoup d'habitude et de sagacité pour découvrir chez l'enfant très jeune les germes des changements de forme que son crâne est appelé à subir; les rudiments des protubérances natives, ordinairement héréditaires, ne s'y manifestent que successivement. A la fin de chaque année, le volume du cerveau s'est sensiblement accru sans lui faire éprouver aucune gêne, parce que la cavité cérébrale s'est élargie dans la même proportion ; le crâne cède ainsi progressivement au cerveau, jusqu'à ce que celui-ci ait cessé de grossir, et les parois jusqu'alors très minces de la boîte osseuse du crâne se moulent exactement et sans effort sur le cerveau. Il y a continuellement, comme Gall a su le constater par ses longues et patientes observations, usure, sécrétion, nutrition, décomposition, recomposition ; à mesure que les molécules osseuses du crâne sont absorbées, d'autres sont sécrétées et viennent prendre leur place ; tant que dure le grossissement parallèle du crâne et du cerveau, la sécrétion l'emporte sur l'absorption; le crâne et le cerveau cèdent moins qu'ils ne reçoivent.

Instinct de la propagation.

C'est vers l'âge de douze ans, quand la nature donne aux forces vitales de l'enfant un redoublement d'activité, pour préparer son passage à l'âge adulte, que le crâne subit, à sa partie postérieure, le changement de forme le plus rapide et le plus remarquable; ce changement tient à l'augmentation de volume du cervelet, partie entièrement distincte du reste du cerveau. Le cervelet est l'organe de l'instinct de la propagation; il n'existe pas chez les animaux qui se reproduisent sans union; il existe, plus ou moins volumineux, chez tous les autres, sauf de rares exceptions qui sont des anomalies presque toujours présages de l'aliénation mentale; le cervelet n'existe qu'en germe, pour ainsi dire, jusqu'aux approches de la douzième année, chez les enfants des deux sexes; la partie inférieure de la boîte osseuse du crâne s'élargit alors, pour ainsi dire tout à coup, pour lui faire place. Si, par le développement prématuré des penchants vicieux, le cervelet a grossi trop tôt chez l'enfant voué à une corruption précoce, celui-ci est menacé de devenir un fruit pourri avant d'être mûr. C'est ici le lieu de relever une erreur trop générale et qui n'a que trop souvent de fatales conséquences. Le siège de l'instinct de propagation, instinct qui, égaré de sa voie, ouvre la porte à tous les vices, à toutes les passions mauvaises, n'est pas placé, comme on le suppose ordinairement, dans les organes reproducteurs. Ceux qui ont ce qu'on nomme un tempérament impérieux, ne sont pas dans cette partie de leur organisation très différents de ceux d'un tempérament plus calme : le siège des passions dépendant de l'instinct de propagation, n'est pas où il paraît être ; il est uniquement dans le cervelet. Observez attentivement la partie postérieure de la tête de l'enfant chez qui se manifestent des penchants vicieux ; comparez cette partie du crâne, qui renferme le cervelet, avec la même partie chez d'autres enfants du même âge exempts des mêmes penchants vicieux, vous serez frappé de la différence. C'est un devoir, dans ce cas, pour les parents, d'observer de bonne heure, d'observer fréquemment, et d'agir, non sur les appareils compromis, mais sur le cervelet qui met prématurément ces appareils à l'état de surexcitation.

C'est ici que se présente clairement cette vérité, révélée par toutes les observations phrénologiques sans exception. Le cerveau, et comme partie essentielle du cerveau, le cervelet, sont soumis à la volonté dont ils sont les organes. C'est donc sur la volonté qu'il faut agir en écartant de l'enfant tout ce qui peut éveiller en lui les passions fatales, éveiller son imagination, laquelle, détournée de sa voie, fait grossir hors de proportion le cervelet. C'est, quand on ne prend contre le mal aucune mesure, le cervelet qui devient impérieux, et non pas ce qu'on est convenu de nommer le tempérament. Or, sur le développement du cervelet, sur sa réaction à l'égard de l'organisme, la volonté peut tout. Il faut donc que, de très bonne heure, mais surtout vers la douzième année, où se prépare le passage à l'état adulte, l'enfant, prêt à devenir adolescent, apprenne à vouloir.

Chez les adultes, le développement extraordinaire du cervelet, signe auquel il est impossible de se méprendre, se révèle extérieurement par une sorte de poche bombée que forme à sa base la partie postérieure du crâne. Malheureusement pour l'observateur, l'abondance des cheveux et la manière de les disposer, dans la coiffure des deux sexes, permettent rarement de voir nettement la forme de cette partie révélatrice de la tête. J'ajoute, pour ceux qui peuvent concevoir des doutes quant aux faits physiologiques que je viens d'énoncer, une preuve ou plutôt un moyen de constatation, devant lequel le doute ne peut subsister. Qu'ils s'adressent à l'un des chirurgiens de nos hôpitaux militaires, on leur montrera des hommes jeunes, robustes, bien constitués, n'ayant jamais subi aucune de ces maladies qu'on ne nomme pas, devenus complètement nuls, forcés de renoncer à toute idée de mariage, à tout espoir de famille, uniquement par suite de coups de sabre reçus dans la mêlée, à la partie postérieure du crâne, qui renferme le cervelet. Il y en a chez qui, après une longue période de souffrances, la plaie ne s'est cicatrisée que quand le cervelet avait été presque totalement détruit; l'appareil correspondant est, dans ce cas, aussi complètement atrophié, anéanti, que s'il avait été lui-même le siège de la blessure suivie d'une opération irrémédiable. Le même ordre de faits se manifeste chez des femmes blessées par suite de coups ou de chutes violentes à la partie postérieure de la tête; l'instinct de propagation et tout ce qui s'y rattache ont cessé d'exister chez elles; dans la clinique chirurgicale des hôpitaux, les exemples n'en sont pas rares. Il y a des hommes qui naissent avec une disposition évidente pour le célibat; ils ont, à l'âge adulte, le cerveau très développé, et le cervelet presque nul; Charles XII et Kant en sont de remarquables exemples.

Amour de la progéniture.

Immédiatement au-dessus du cervelet, dont le volume se voit à l'extérieur par un signe qui ne peut tromper, est placé l'organe de l'amour de la progéniture. Cet amour, dont l'organe, à la même place, domine dans le cerveau de la poule, et qui se traduit au dehors par la protubérance de l'instinct maternel, est plus vif, toute proportion gardée, chez la femme que chez l'homme, et c'est pour cette raison qu'en général, le crâne de la femme est plus allongé que celui de l'homme, en proportion de sa largeur. Cette protubérance touche à celle de l'instinct de propagation, elle semble en être une sorte de dépendance. Gall avait, dans sa collection, le crâne d'une femme morte jeune, atteinte d'aliénation mentale; cette femme avait aimé passionnément les enfants des autres; n'en ayant point, le chagrin qu'elle en éprouva lui fit perdre la raison. Sa folie consistait à croire qu'elle était enceinte et qu'elle allait donner le jour à six enfants à la fois. On ne possède, dans aucune collection anatomique, de crâne sur lequel la protubérance de l'instinct maternel (amour de la progéniture) soit développée dans des proportions aussi anormales que dans le crâne de cette femme, dont le cervelet était aussi très volumineux, mais non pas avec la même exagération.

Affectivité.

La protubérance qui correspond à l'organe de l'amitié, de l'affectivité, en d'autres termes, de la disposition à aimer ses semblables, suit celle de l'amour de la progéniture ; c'est malheureusement une de celles qu'on rencontre le moins fréquemment, et qui est, en général, la moins prononcée. La crainte d'être accusé de provoquer la haine et le mépris envers une ou plusieurs classes de personnes, m'empêche de les désigner ici ; je puis seulement affirmer une vérité sans offenser qui que ce soit : il y a des professions où cette protubérance manque totalement, soit que ceux qui ont embrassé ces professions y aient été déterminés par l'absence de tout instinct d'amour de leurs semblables, soit que l'exercice même de ces professions ait fait disparaître complètement, chez eux, la trace de l'amour du prochain, en laissant s'atrophier l'organe de cette faculté. On peut faire collection de crânes, ayant appartenu à des hommes de cette catégorie, on en trouvera à peine deux ou trois pour cent qui aient la protubérance de l'amitié ; j'en pourrais alléguer de célèbres exemples, il me suffira de rappeler un proverbe hollandais qui dit très énergiquement : « *Qui aime l'argent, n'aime que l'argent.* »

Défense personnelle.

L'organe de la défense personnelle, autrement dit, la protubérance de l'esprit querelleur, est aussi commun que celui de l'amour de ses semblables est rare. Cette protubérance est moins souvent très développée chez la femme que chez l'homme, probablement parce que la femme a le sentiment de l'infériorité de ses forces physiques. Quand elle ne l'a pas, l'instinct querelleur et batailleur prend, chez elle, autant de développement que chez l'homme. Gall cite, à ce propos, une jeune personne qu'il avait connue tout enfant, et qui, douée d'une vigueur peu ordinaire, prenait, quand elle en trouvait l'occasion, les habits d'un de ses frères, et descendait dans la rue, pour faire le coup de poing avec les gamins du quartier. Devenue, en grandissant, une très belle personne, mais aux formes très accentuées et d'une force athlétique, elle se maria à un homme qui avait pour elle un excès de condescendance. Quand elle recevait à dîner les amis de son mari, elle les faisait passer après le dîner dans une sorte de salle d'armes, et là elle les régalait, comme dessert, d'une volée de coups de poing les uns après les autres; si bien, qu'à l'exception des hommes taillés en hercules, chacun avait fini par refuser les invitations de cette dame.

La manière dont le père de la phrénologie réunit les preuves à l'appui de ses prévisions quant à l'organe de l'instinct de défense personnelle, le même que l'instinct querelleur et batailleur, mérite d'être rapportée. Il invita à un grand déjeuner soixante cochers de fiacre ou commissionnaires auvergnats, sans leur dire de quoi il était question ; il les priait seulement, avant de se mettre à table, de lui permettre d'examiner attentivement la forme de leur crâne.

D'après cet examen, il les classa par groupes, depuis les plus calmes jusqu'aux moins endurants ; puis, il les fit très bien déjeuner, en ne ménageant pas les liquides. Au dessert, il les pria de lui faire leur confession, quant à l'instinct querelleur, et, comme ils se connaissaient tous, la confession ne pouvait manquer d'être sincère. Les prévisions de Gall furent pleinement confirmées : quelques-uns de ceux chez qui la protubérance de l'instinct de la défense personnelle était le plus prononcée, se prirent de querelle et se livrèrent à un pugilat acharné en sortant de table ; d'autres, chez qui la même protubérance était à peine indiquée, étaient, de leur propre aveu et de celui de leurs camarades, d'une patience et d'un calme à toute épreuve.

Dans la conformation générale de la tête, la disposition à l'esprit batailleur se reconnaît à la partie postérieure de la tête, au niveau des oreilles ; cette partie est toujours plus large chez les braves que chez les gens timides jusqu'à la poltronnerie inclusivement. Dans une université allemande, un étudiant prie Gall d'examer son crâne ; Gall y trouve la protubérance de l'instinct de la défense personnelle excessivement développée : il en conclut que l'étudiant doit être duelliste et querelleur au plus haut degré. L'étudiant se récrie : il est, selon lui, endurant par caractère et doux comme un mouton. Fort étonné d'avoir pu se tromper à ce point, Gall prend des informations ; il apprend que l'étudiant était le premier duelliste de toute l'université ; quelques jours après, il le voit passer, emmené par la force armée. Il était entré dans un cabaret rempli de buveurs pacifiques, et là, cherchant au premier venu une vraie querelle d'Allemand, il s'était avisé d'éteindre les lumières, et, s'armant d'une chaise, il avait frappé à tort et à travers dans l'obscurité, jusqu'à l'arrivée de la garde. La protubérance de l'esprit de défense personnelle, exagéré en esprit querelleur et batailleur, avait dit la vérité.

Penchant au meurtre.

Non loin de cette protubérance, juste derrière les deux oreilles, est située une protubérance, heureusement rare et même presque nulle chez le plus grand nombre des individus des deux sexes : c'est celle du meurtre, qui, lorsqu'elle existe, se reconnaît facilement à sa forme demi-sphérique. Cette protubérance dénote l'instinct de destruction sous toutes ses formes, par le fer, le feu ou le poison. Cet organe est développé, au plus haut degré, chez tous les criminels tristement célèbres par leur penchant au meurtre ; il est très prononcé sur le crâne de Catherine de Médicis, et plus encore sur celui d'un comte de Charollais, prince de la maison de Condé, qui, sous le règne de Louis XV, faisait subir d'épouvantables tortures aux malheureuses femmes attirées chez lui par ses complices, et se promenait dans les rues de Paris, armé d'une carabine, pour tuer sur les toits les ouvriers couvreurs qu'il prenait plaisir à voir tomber sur le pavé. On ne peut trop le répéter, il n'y a chez les monstres de cette espèce aucune prédisposition fatale, aucun penchant plus fort que leur volonté : il n'y a qu'une volonté perverse, dérivant presque toujours de la certitude ou de l'espérance de l'impunité. L'usage rationnel de la volonté, appliqué, non pas à étouffer la voix de la conscience, mais à mettre à profit ses avertissements qui ne manquent à personne, pouvait, à un moment donné, dompter tout instinct sanguinaire, et empêcher à temps l'organe de l'instinct destructeur de se développer au point de devenir prépondérant.

On possède peu de crânes, dans les collections anatomiques, où la protubérance du meurtre soit plus prononcée que dans celui de Madeleine Albert, de Moulins (Allier), exécutée au commencement de ce siècle, après avoir commis un nombre à peine croyable de meurtres ayant pour mobile, non la haine, la vengeance, la jalousie, ou simplement la cupidité, comme chez la plupart des assassins vulgaires, mais le plaisir que ce monstre, de son propre aveu, avait fini par trouver à tuer, n'importe qui. Madeleine Albert, qui n'offrait d'ailleurs aucun indice d'aliénation mentale, était une servante remarquablement belle, mais d'une beauté sinistre, si l'on peut user de cette expression. Le crâne de cette fille porte derrière chaque oreille une demi-sphère plus saillante et plus développée que chez aucun autre individu, homme ou femme, observé jusqu'à présent : c'est la protubérance du meurtre à son maximum.

Ruse et finesse.

La protubérance de la ruse et de la finesse est placée au-dessus et un peu en avant de celle de l'instinct carnassier; elle s'étend d'arrière en avant, sous forme d'une proéminence bombée, qui se termine à trois centimètres environ de l'arcade du sourcil. Cette partie du cerveau est souvent très développée chez ceux qui ont la protubérance du meurtre très saillante; il en résulte, dans ce cas, une éminence bombée de toute la partie latérale du crâne, dans laquelle se confondent les deux protubérances du meurtre et de la ruse. Loin de se porter mutuellement secours, ces deux circonvolutions du cerveau se font, pour ainsi dire, contre-poids l'une à l'autre. Sur les crânes des francs scélérats, le meurtre domine seul, le penchant au meurtre a pris le dessus; l'organe de la ruse existe à peine, il est complètement effacé. Les crânes où se confondent les deux protubérances du meurtre et de la ruse, appartiennent le plus souvent, au contraire, à des hommes qui n'ont jamais cédé au plaisir de tuer : il semble que, chez eux, le penchant à la ruse et à la finesse a contribué à combattre les dispositions à la violence, pour les remplacer par des vengeances perfides, sans recourir à l'emploi de la force brutale. Beaucoup d'empoisonneurs, et surtout d'empoisonneuses, offrent cette conformation particulière du crâne à un degré remarquable.

Quand la ruse et la finesse prennent décidément le dessus sur le penchant au meurtre, l'instinct carnassier et destructeur ne disparaît qu'en partie; il est effacé par l'esprit d'intrigue. Les crânes des intrigants les plus célèbres, ceux de Tencin et d'Albéroni entre autres, ont l'organe de la ruse plus saillant que celui du meurtre. Néanmoins, cette dernière protubérance existe très-distincte; c'est ce qui explique comment les intrigants de haute volée n'y regardent pas de trop près lorsqu'il y a, pour faire réussir leurs trames, du sang à verser; mais, comme Talleyrand, le type du genre, ils ne le versent jamais eux-mêmes, ils le font verser.

Bien plus de gens qu'on ne croit portent par hérédité ou pour toute autre cause, les deux protubérances du meurtre et de la ruse, à peu près également saillantes. Si, par l'éducation, la réflexion, le travail sur eux-mêmes, ils domptent ces deux penchants, ce sont alors de fort honnêtes gens, qui donnent, par la littérature, un débouché à leur penchant pour le meurtre et la ruse. Tels sont les romanciers qui savent le mieux créer des scélérats adroits et de fort habiles coquins; ce sont aussi ceux qui, daus les créations de leur imagination, réussissent le mieux à nouer fortement une intrigue, et à faire ressortir des situations et des caractères un dénoûment naturel, satisfaisant pour le lecteur, et tout à fait inattendu.

Convoitise. — Penchant au vol.

La protubérance du vol, démesurément développée chez un nombre effrayant d'individus de la génération contemporaine dans toute l'Europe, consiste en une proéminence de forme allongée, commençant où finit celle de la ruse, et s'étendant jusqu'au bord externe de l'arcade supérieure de l'orbite de l'œil. Elle occupe la même place et affecte la même forme, mais beaucoup plus prononcée, chez les animaux doués à un haut degré de l'instinct de faire des provisions et du sentiment de la propriété ; le rat, le renard et la pie en sont de remarquables exemples.

Chez tous les voleurs déclarés, qui ne rougissent plus de leurs méfaits et en sont venus à se vanter d'être voleurs de profession, la protubérance du vol est très saillante ; chez les voleurs chauves, elle saute aux yeux ; il n'y a pas besoin de la chercher. Cette protubérance est une de celles qui démontrent le plus souverainement la puissance de la volonté sur le

développement des circonvolutions du cerveau,
par conséquent sur la formation des protubérances du crâne. La protubérance du vol se développe de très bonne heure ; il y a des enfants
chez qui, toutes les autres étant encore à peu
près impossibles à déterminer, celle-là seule est
distincte, sans erreur possible. C'est ce qui fait
dire à Gall :

« Il y a bien peu de personnes qui, si elles
remontent à leur enfance, puissent dire la
main sur le cœur : Je n'ai jamais volé ! »

Mais chez ceux en qui l'éducation et un sens
droit font naître l'horreur du vol, on en distingue difficilement la place. Toute la partie du
crâne où peut être située la protubérance du
vol, quand elle existe, est parfaitement unie et
plane, chez les gens qui ont contracté l'habitude d'une rigoureuse probité jusque dans les
plus petites choses. En voyageant en Espagne,
j'ai eu occasion d'explorer bien des crânes de
Castillans et d'Aragonais, appartenant surtout
à la classe des ouvriers, des cultivateurs et des
domestiques ; je n'en ai pas trouvé trois sur
cent qui eussent la protubérance du vol, même
au degré le plus faible, et j'ai compris la cause
et la réalité du proverbe espagnol qui dit : Un
Aragonais et un Castillan sont aussi maladroits
pour voler que pour mentir.

Assez souvent la protubérance du vol est accompagnée de celle de la ruse et de la finesse.

Quand c'est cette dernière qui domine, et que d'ailleurs le sentiment de l'honnêteté a été plus ou moins développé par l'éducation, sans vaincre tout à fait le penchant au vol, il en résulte des anomalies bizarres dont il n'est presque personne qui, dans le cours d'une existence un peu accidentée, n'ait eu occasion d'observer des exemples. C'est ainsi que, dans le monde, on a signalé des gens très bien nés, haut placés même, qui volaient avec infiniment d'adresse, en employant les ruses les plus ingénieuses, et qui s'empressaient de restituer les objets dérobés. D'autres, de la même classe, ayant les mêmes protubérances, se seraient fait scrupule de voler les pauvres, ou de dérober quoi que ce fût à des gens seulement peu favorisés de la fortune. Gall cite, à ce sujet, le célèbre voleur Peter Michel, de Copenhague, qui ne volait que les riches, ne commettait que des vols difficiles, et ne profitait jamais de ses vols, il en distribuait intégralement le produit aux indigents. Avec un peu d'effort sur lui-même, et en donnant à son penchant pour la ruse et la finesse une meilleure direction, cet homme aurait dominé totalement son mauvais penchant, il n'aurait pas volé.

Sentiment de la propriété.

La protubérance de la passion de la propriété est distincte de celle du vol ; elle lui est seulement contiguë et parallèle, et l'une existe rarement sans l'autre. Il est impossible de ne pas faire observer à ce sujet que la propriété n'est pas une simple convention entre les hommes ; les animaux la comprennent à leur manière ; le lapin se sent *propriétaire* de son terrier ; le *blaireau* défend le sien jusqu'à la mort ; si le renard y pénètre en son absence, il sait bien que ce domicile n'est pas sa *propriété ;* aussi se hâte-t-il d'y déposer ses ordures, ce qui ne lui arrive jamais chez lui. Le blaireau trouvant sa demeure infectée, y renonce et va s'en creuser une ailleurs. Alors, le renard revient, nettoie le domicile volé, et s'y installe avec sa famille. Il y a, dans tout cela, ruse, vol et sentiment très distinct de la propriété chez les animaux.

L'homme à l'état le plus sauvage, qui ne possède rien au monde hors sa hutte, ses armes grossières et quelques provisions, y tient comme le capitaliste tient à son hôtel et à ses millions ; c'est sa propriété. Quiconque la lui dérobe est un voleur, et sait très bien qu'il commet un vol.

Chez les gens parfaitement désintéressés, en

bien petit nombre de nos jours, pour lesquels l'absence de la propriété n'est ni un malheur ni une honte, comme pour beaucoup d'autres, un espace tout uni ou même une légère dépression remplace sur la surface du crâne la protubérance de la passion de la propriété.

Orgueil.

La protubérance de l'orgueil est une des plus fréquentes chez toutes les races humaines; quand elle n'est pas combattue, elle devient très facilement dominante : elle est située au sommet de la tête, au centre de la partie supérieure du crâne. De même que toutes les protubérances du crâne, celle de l'orgueil est produite par développement de deux circonvolutions du cerveau qui se correspondent des deux côtés de la ligne médiane du crâne. Les deux portions de la protubérance de l'orgueil formant chacune un quart de sphère, précisément en regard l'une de l'autre sur la ligne médiane, il en résulte que leur réunion forme une seule protubérance arrondie, demi-sphérique, d'autant plus proéminente que la passion dont elle est l'expression est plus prononcée. C'est un fait très facile à vérifier sur la tête des hommes à la fois chauves et bouffis d'orgueil, quand ils n'ont pas la prudence de dissimuler le sommet de leur crâne sous l'abri tutélaire d'un faux toupet. Il est excessivement rare que la protubérance de l'orgueil soit complètement absente. Chez les gens sincèrement modestes, elle est très peu saillante, ou tout à fait effacée ; elle se voit, au contraire, et même assez souvent très prononcée, chez beaucoup d'autres dont la réputation d'humilité bien établie semble donner aux indications de la phrénologie un démenti formel. Mais observez avec soin tous ceux en qui se manifeste cette apparente anomalie ; étudiez-les attentivement : vous ne tarderez pas à découvrir que le masque d'une fausse modestie cache en eux la conviction profonde de leur supériorité sur le reste du genre humain. On en pourrait citer de nombreux exemples parfaitement constatés, tant chez les anciens que chez les modernes.

La protubérance de l'orgueil ne peut pas dominer au delà de certaines limites, sans donner lieu à l'aliénation mentale ; l'homme devenu fou d'orgueil cesse avec toute justice d'encourir la responsabilité de ses actes ; il ne faut plus le blâmer, il faut le guérir. Les fous d'orgueil sont en grand nombre dans tous les hospices d'aliénés ; mais un fait très consolant, et qui confirme ce qui a été précédemment affirmé quant à l'empire de la volonté, c'est le nombre heureusement considérable des guérisons des fous d'orgueil. Sans entrer dans des détails étrangers au sujet sur la nature des maladies mentales, on constate qu'elles sont malheureusement toujours ou presque toujours incurables, quand elles ont pour cause une lésion physique du cerveau, par exemple, une tumeur de l'encéphale, sur laquelle aucun remède ne peut être appliqué. La folie peut, au contraire, être considérée comme presque toujours guérissable, quand elle dérive d'une cause exclusivement morale, et c'est ce qui a lieu le plus souvent. Le plus grand nombre des cerveaux de gens morts fous dans les hôpitaux ne laissent voir à l'autopsie aucun signe d'un mal physique auquel l'aliénation puisse être attribuée.

La protubérance de l'orgueil est toujours, chez les fous d'orgueil, excessivement développée; néanmoins, presque tous ont des moments à demi lucides dont le médecin peut profiter pour aider à la guérison, en employant, pour agir sur le moral des aliénés, des moyens qui réussissent quelquefois. Un fou d'orgueil renfermé dans un hospice d'aliénés se regardait comme un homme d'un incomparable génie. On lui avait, disait-il, dérobé ses manuscrits dont la publication l'aurait immortalisé; des rivaux avaient eu le crédit de le faire enfermer comme fou; du reste, il déraisonnait complètement. Par le travail au grand air, une grande bienveillance, et des conseils gradués d'après les progrès du retour au bon sens, ce retour finit par être complet. Le malade pouvait sans danger être rendu à sa famille et à la société. Il avait, pendant le cours de son traitement, pris en amitié un de ses compagnons d'infortune, fou d'orgueil comme lui-même venait de cesser de l'être. La folie de ce second aliéné consistait à croire et à soutenir qu'il était roi ; ses sujets l'avaient détrôné ; ils devaient le rappeler d'un moment à l'autre. Cet homme était marié ; sa femme lui écrivait souvent des lettres affectueuses qu'il lisait dans ses moments de calme ; mais, comme elle refusait de le traiter de majesté, il l'accusait de complicité avec ses sujets rebelles, et ne voulait pas la voir. Son compagnon, récemment guéri, n'était pas pressé de rentrer dans le monde ; il prolongea son séjour à l'hôpital pour aider à la guérison de son ami. L'aliéné lui lut un jour une lettre, pleine de hauteur et de reproches, qu'il adressait à sa femme. Son ami lui remontra avec beaucoup de douceur combien il était cruel d'affliger ainsi une femme si bonne, si aimante, qui lui avait donné tant de preuves d'attachement. L'insensé se sentit touché ; il modifia sa lettre sous la dictée de son ami qui eut soin de glisser dans la dictée une phrase contenant le désaveu de sa royauté ; il pleura beaucoup, réfléchit profondément, et dès le lendemain il demanda à revoir sa femme. Dès leur première entrevue, il commença à lui parler avec un demi bon sens, et s'abstint de mentionner ses prétentions au titre de roi. Un mois plus tard, son ami et lui sortaient de l'hospice, l'un et l'autre complètement guéris.

Il n'y a jamais lieu de désespérer de la guérison des aliénés qui ont perdu la raison par orgueil. Qu'il me soit permis de rapporter à ce sujet un mot d'un de nos plus célèbres médecins aliénistes, connu par de nombreux succès dans le traitement des maladies mentales. C'était un vieux médecin, riche, membre de l'Académie, ayant conquis dans sa profession son bâton de maréchal.

« Vous devriez bien, lui disait un de ses confrères, vous reposer et prendre votre retraite; vous avez assez fait pour la science et pour l'humanité; c'est une rude tâche que celle de médecin d'un hospice d'aliénés !

— Vous voyez, dit le vieux docteur, ce préau où les fous calmes prennent leur récréation? Ils sont là plus de trois cents. Si, sur ces trois cents, il y en avait un, un seul, entendez-vous, dont je fusse autorisé à espérer la guérison, je resterais ici; j'y mourrai. »

Il y est mort, en effet, dans l'exercice de sa profession; j'ai eu son crâne entre les mains; il avait très développée la protubérance de l'affectivité; celle de l'orgueil se voyait à peine.

Vanité.

Le plus populaire de nos poètes avant Béranger, La Fontaine, a formulé une grande vérité, lorsqu'il a dit :

> ... Mais, qui n'a dans la tête
> Un petit grain d'ambition ?

La protubérance de la vanité, bien plus fréquente que celle de l'orgueil, consiste en une proéminence très saillante à droite et à gauche des pariétaux, parfaitement distincte de la protubérance de l'orgueil. Gardez-vous de prendre une opinion défavorable de tous ceux chez qui vous observerez cette protubérance ; selon qu'elle est plus ou moins développée, selon l'usage que fait la volonté de la faculté qui correspond à cette protubérance, elle dénote l'honneur, l'émulation, l'ambition, tous sentiments nobles en eux-mêmes, partant du bien et aboutissant au bien, pourvu que l'homme ne s'en laisse pas dominer. Que ferait-on des enfants sans l'émulation ? Quel talent se développerait sans l'honneur ? Quel génie se produirait au grand jour sans l'ambition légitime de conquérir, en les méritant, l'estime et l'admiration ? Parlez-moi d'un cordonnier qui a de l'ambition ; il mettra en jeu tout son savoir-faire pour me faire de bons souliers, meilleurs que ceux de son voisin, qui manque d'ambition. Si mon jardinier est ambitieux, tant mieux ; j'aurai les meilleurs fruits et les plus belles fleurs de tout le canton.

Jamais, dit Gall, je ne confierai mes affaires ou ma santé à un avocat ou à un médecin qui n'aurait pas d'ambition, et qui exercerait sa profession uniquement en vue du profit. Chez les peuplades d'Ostiacks de la Sibérie septentrionale, qui souvent meurent de faim faute d'avoir fait leurs provisions en temps utile, et qui ont toute espèce de travail en horreur, le plus grand mal qu'on puisse souhaiter à un ennemi, c'est de lui dire : « Puisses-tu être condamné à vivre comme un Tatar ! » Or, les Tatars, que nous nommons Tartares, ne travaillent guère, puisqu'ils vivent principalement du produit de leurs troupeaux ; mais enfin, ils font de temps en temps quelque chose. Aux yeux de l'Ostiack qui ne fait rien du tout, et pour lequel le suprême bonheur est de ne rien faire, le comble du malheur, c'est de vivre comme un Tatar. Examinez les crânes d'Ostiacks dans les collections d'anatomie ; pas un seul ne porte la protubérance de la vanité. Il va sans dire que les Ostiacks sont complètement dépourvus d'ambition.

Cette protubérance, je le répète, n'est donc

pas mauvaise en elle-même ; elle est un élément de bien, tant que celui chez qui elle existe ne s'en laisse pas maîtriser. Jamais elle n'est très développée quand elle est associée à la protubérance de l'orgueil, ainsi qu'elle l'est toujours sur le crâne des ambitieux, dans le sens favorable de cette expression. C'est ici le lieu de bien définir les deux genres d'ambition. La bonne et la plus rare commence par l'émulation durant l'enfance et l'adolescence ; à l'âge adulte, elle se manifeste par le désir, naturel à celui qui se sent de grandes facultés, de posséder un grand pouvoir, pour faire de grandes choses. Quand on avertissait César des desseins de ses ennemis résolus à l'assassiner : « Qu'ils me tuent s'ils veulent, disait-il ; le monde a plus besoin de moi que je n'ai besoin de lui. » Certes, il y a dans cette réponse un immense orgueil, et en effet, sur le crâne chauve des statues de César, sculptées de son temps d'après nature, la protubérance de l'orgueil est visible au sommet, et l'on ne dira pas que le sculpteur était épris de la doctrine de Gall. Mais il y a aussi un sentiment vrai de la puissance de son génie, et nul ne peut dire ce que cette vaste intelligence aurait fait de bien à la race humaine, si ce génie organisateur, comme le fut celui de Napoléon Ier, n'eût pas été arrêté court par l'assassinat. L'autre ambition, la mauvaise, la plus commune, est celle qui veut, sans s'embarrasser de les mériter, des honneurs, des distinctions, des dignités, pour pouvoir se dire à elle-même : « Je suis plus que les autres »; comme le Bourgeois-Gentilhomme se dit : « Je suis Mamamouchi. »

Ne cherchez pas sur le crâne des ambitieux de cette catégorie la protubérance de l'orgueil; elle y est presque effacée. Celle de la vanité a pris, au contraire, un tel développement que le diamètre de tout le crâne, depuis le front jusqu'à la place de la protubérance de la vanité, en est sensiblement élargi.

Chez les femmes, la vanité ainsi exaltée se traduit par l'amour désordonné de la parure, la passion des chiffons, la soif d'éclipser les autres femmes, non par aucun talent, aucune qualité digne d'estime, mais par le luxe de la toilette. Chez les hommes, elle engendre l'amour non moins désordonné des petites supériorités sociales; tels sont les gens qui ambitionnent le grade de caporal dans la garde nationale, pour avoir le droit de regarder par-dessus l'épaule leurs voisins qui n'ont pas deux sardines sur la manche, et de ne pas les saluer. Cet excès de vanité conduit fréquemment à la folie; la nuance entre les fous par vanité et les fous d'orgueil est très nettement accusée. Jamais l'aliéné vaniteux ne s'attribue de grandes dignités ou de grands talents; tout est petit, étroit, mesquin, dans ses idées décousues; le moindre manque d'égards le met en fureur; c'est une des plus sottes manières de perdre l'usage de la raison. Sur les crânes des aliénés pour cette cause, la protubérance de la vanité peut prendre des proportions telles qu'il en résulte une déformation en quelque sorte monstrueuse; le même genre de déformation, à un degré moindre, est facile à apercevoir chez les personnes des deux sexes qu'un excès de vanité rend ce qu'on nomme vulgairement *susceptibles*, défaut qui expose des gens fort estimables sous tous les autres rapports à devenir parfaitement insupportables. Heureusement, je ne puis trop le répéter, la vanité, sous toutes ses nuances, est un de ceux de nos penchants que la volonté peut le plus aisément réprimer, contenir dans des limites rationnelles, et diriger vers la pratique du bien.

Circonspection.

Rien de plus utile à l'homme qu'une certaine mesure de circonspection, qui, comme ce terme l'indique, le porte à *regarder autour de lui* avant de s'avancer, et à donner en toute occasion le moins possible au hasard. Cette faculté se manifeste par une protubérance très large, à la partie postérieure supérieure du crâne. C'est une de celles qui dégénèrent le plus facilement en un défaut incurable, puis en démence. L'excès de développement de la circonspection et de la protubérance qui en est l'indice devient la timidité, et, par une gradation insensible, la pusillanimité ; c'est la source du malheur de tous ceux qui empoisonnent leur existence par la crainte de maladies imaginaires. J'ai eu cent fois l'occasion d'observer des crânes de malades imaginaires ; tous avaient la protubérance de la circonspection excessivement prononcée.

Chez les personnes atteintes de ce défaut, le caractère de l'affection se modifie selon les idées dont elles s'occupent habituellement. Gall cite à ce sujet une femme qui se croyait obsédée par les mauvais esprits. Sous la direction d'un ecclésiastique éclairé qui secondait les soins du médecin, cette femme revint à son état normal par le raisonnement, l'exercice au grand air, et des travaux de jardinage proportionnés à ses forces. Son directeur étant venu à mourir, elle se confia à un fanatique peu instruit, qui confirma cette dame dans l'opinion qu'elle était possédée du démon ; elle ne tarda pas à mourir complètement folle. Un autre malade soigné par Gall se croyait menacé de poursuites comme conspirateur, bien qu'il n'eût jamais conspiré. Craignant d'être compromis par la possession de deux pistolets de poche, il les brisa et alla en jeter les morceaux en plusieurs paquets au coin des bornes, dans des quartiers différents. De retour chez lui, il fut en proie à des accès de terreur que le médecin ne pouvait calmer, parce qu'il se souvint que son adresse était écrite sur l'un des papiers dans lesquels il avait enveloppé les débris de ses pistolets; chaque fois qu'on sonnait à sa porte, il croyait qu'on venait l'arrêter; il vécut longtemps, toujours malheureux, toujours tourmenté, sur les limites de l'aliénation mentale.

Quand la protubérance de la circonspection est prononcée au plus haut degré, elle conduit à la mélancolie, au dégoût de l'existence, et, trop fréquemment, au suicide. Il est toujours prudent à ceux qui entourent un malade en cet état (car ce défaut porté à ce point passe à l'état de véritable maladie), de mettre tout en œuvre pour le rassurer, l'occuper, le distraire et lui faire oublier le penchant funeste à se détruire.

CHAPITRE II

Dans tout ce qui précède, on a décrit seulement les protubérances qui sont communes à l'homme et aux animaux, ce qui ne veut pas dire que toutes se trouvent réunies chez quelques animaux, mais que toutes peuvent exister isolément chez certains animaux, et que leur présence sur le crâne de ces animaux (oiseaux ou mammifères) dénote des penchants analogues à ceux de l'homme doué des mêmes protubérances. Si le crâne humain n'en avait pas d'autres, il offrirait une analogie frappante avec les formes des crânes de divers animaux, et c'est ce qui a lieu chez ceux à qui manquent les protubérances qui correspondent aux facultés représentées par des circonvolutions dont aucun animal n'offre les analogues.

Chacune des qualités représentées par ces

protubérances peut être, chez le même individu, plus ou moins active que les autres;
chacune d'elles peut être effacée et comme pa-
ralysée, tandis que les autres sont actives, soit
partiellement, soit en totalité, et réciproquement.

Elles se manifestent pour la plupart à des
degrés différents et sous des formes différentes
chez les deux sexes; elles existent toutes
réunies sur le crâne humain; elles ne peuvent,
je le répète, exister qu'isolément sur le crâne
des animaux.

Si l'on a étudié avec toute l'attention qu'elles
méritent ces qualités fondamentales du cerveau, manifestées par les protubérances qui
sont le signe extérieur et visible du degré plus
ou moins prononcé de développement des circonvolutions relatives à chaque faculté, on
trouve comme résultat un certain nombre de
faits acquis à la science phrénologique, et qui
peuvent se formuler dans les termes suivants :

1° Le siège et l'origine de toutes les qualités
et facultés de l'homme sont dans le cerveau;

2° Le cerveau, au lieu d'être, comme on l'a
longtemps admis, un organe simple, exerçant
son action par toutes ses parties à la fois, est
composé d'autant d'organes qu'il y a en
l'homme de facultés et de qualités distinctes;

3° Dans l'état de santé, et jusqu'à l'extrême
vieillesse, l'inspection de la surface du crâne

permet de reconnaître le développement d'un organe en particulier, et le plus ou moins d'activité des fonctions de cet organe;

4° Enfin, ajoute Gall, de même que les facultés intellectuelles, toutes les facultés affectives, tous les penchants, tous les sentiments de l'homme, ont chacun leur organe spécial dans les circonvolutions du cerveau; et quant aux animaux, ils reproduisent à des degrés divers le même fait; leurs instincts divers ne dépendent pas d'un organe unique; ils sont représentés chacun par un organe distinct de leur cerveau.

L'observation nous montre chez l'homme toutes les nuances; d'abord des dispositions, puis des inclinations, des penchants impérieux, des désirs violents, des passions. Ce n'est qu'en étudiant l'homme dans toutes les divisions de ses facultés, dans toutes les formes de ses passions, qu'on peut espérer d'arriver à une connaissance claire et complète de tout son être moral et intellectuel : c'est le but définitif de la Phrénologie.

———

La place des protubérances qu'il nous reste à déterminer leur donne, dans l'étude de l'homme extérieur, une valeur particulière;

elles occupent en général une position qui ne permet guère de les dissimuler par la coiffure, de sorte que le toucher est inutile pour en constater l'existence.

Ce qu'on nomme en langage vulgaire le haut et le bas du front compose ce que les anatomistes ont nommé la région *supérieure-antérieure* et la région *antérieure-inférieure* du front, par conséquent du cerveau. C'est cette portion de la boîte osseuse du crâne et de son contenu qui donne à la tête humaine une forme, un aspect et un caractère totalement différents de la tête de tous les animaux, sans excepter celle des plus grandes espèces de singes.

Parmi les organes compris dans cette portion du cerveau, les plus importants sont ceux de la mémoire ; je dis *ceux* et non pas *celui*, parce qu'en effet l'homme peut être doué de plusieurs genres distincts de mémoire, dont chacun est représenté par une circonvolution distincte de l'organe cérébral.

L'observateur le plus superficiel peut avoir eu cent fois en sa vie l'occasion de remarquer, à divers degrés de développement chez les gens de sa connaissance, les quatre principaux genres de mémoire, savoir : 1° *la mémoire des faits* ; 2° *la mémoire des lieux* ; 3° *la mémoire des personnes* ; 4° *la mémoire des mots.* Chacune de ces quatre mémoires mérite un examen séparé.

1. Mémoire des faits.

L'organe de la mémoire des faits est essentiellement l'organe de l'*éducabilité*. Cet organe est généralement peu prononcé chez les hommes doués d'une voix de basse-taille, sans qu'on puisse rendre raison physiologiquement de cette coïncidence; la perte ou du moins l'affaiblissement sensible de cet organe est une des punitions inévitables des hommes usés prématurément par les excès. Il a son siège dans la circonvolution du cerveau qui réside sous une protubérance peu étendue, mais très saillante, de chaque côté du bas du front, ce qui donne au front des personnes douées à un très haut degré de cette faculté, un aspect tout particulier, saisissable du premier coup d'œil. On distingue cette protubérance sur le front de l'enfant, dès l'âge de cinq à sept ans; c'est un avertissement naturel dont il est sage de tirer parti pour l'éducation. Il faut surtout préserver les enfants de l'abus de cette faculté; ceux qui possèdent au plus haut degré la mémoire des faits sont trop disposés à entasser sans ordre toute sorte de faits dans leur mémoire; ils s'enthousiasment facilement pour tel ou tel ordre d'idées dont ils se dégoûtent avec la même facilité, à cause de leur trop grande aptitude à saisir les rapports des faits entre eux, et à s'en préoccuper exclusivement, surtout quand ils offrent l'attrait puissant de la nouveauté. Ceux chez qui l'usage de cette faculté n'a pas été modéré et régularisé par l'éducation pendant l'enfance et la jeunese, conservent toute leur vie la facilité d'apprendre beaucoup, sans rien approfondir, sans fixer leur activité intellectuelle sur aucun objet déterminé.

Un fait fort digne de remarque dans l'anatomie comparée, c'est que la même circonvolution, indiquée extérieurement par la même protubérance, existe dans le cerveau de tous les animaux susceptibles d'éducation. Le front saillant et bombé du chien barbet en est le spécimen le plus commun et le plus facile à vérifier. Une grosse mouette, ayant eu l'aile cassée d'un coup de fusil, ne tarda pas à guérir; elle fut donnée en présent au savant Blumenbach. En voyant le front bombé de cet oiseau, sur lequel se voit très-distincte la protubérance de la mémoire des faits, Gall, qui se trouvait alors chez Blumenbach, prévit que la mouette devait être douée de dispositions très-prononcées à l'éducabilité. En effet, en peu de jours, la mouette allait et venait dans la maison, connaissait son maître, distinguait les heures des repas et étonnait tout le monde par des traits d'une sagacité d'autant plus surprenante, que l'oiseau avait été pris à l'âge adulte.

Dans la pratique de la vie, aucun genre de mémoire ne peut être plus utile à l'homme que la mémoire des faits; c'est sur cette mémoire que repose toute éducation solide et variée : il faut seulement s'appliquer à discerner de bonne heure cette faculté chez les enfants, et leur apprendre à ne pas en abuser; ceux qui, pour satisfaire la vanité des parents ou des maîtres, passent à l'état de petits prodiges par l'abus de la mémoire des faits, ne seront jamais, à l'âge adulte, que des êtres dépourvus de toute valeur.

2. Mémoire des lieux.

La mémoire des lieux, aussi désignée sous le nom de *sens de la localité*, a pour organe une circonvolution du cerveau représentée extérieurement par une protubérance saillante de chaque côté du haut du front; cette protubérance est très-saillante sur le front des plus célèbres voyageurs. Longtemps avant les travaux de Gall sur l'anatomie du cerveau, les biographes du grand navigateur anglais Cook avaient remarqué que son front offrait une conformation particulière, due au développement extraordinaire de l'organe de la mémoire des lieux, ainsi qu'on peut le voir sur le portrait de cet illustre marin. La mémoire des lieux, si nécessaire aux généraux d'armée, a manqué à plusieurs des plus grands capitaines. On sait que Turenne en était dépourvu ; mais il avait avec lui, pour le suppléer sous ce rapport, Villars, fort inférieur à lui comme talent militaire, mais doué au plus haut degré de la mémoire des lieux.

C'est au développement de cet organe, également placé à la partie supérieure latérale du front, que tient la mémoire des lieux, si remarquable chez certains animaux. Il n'est personne qui ne puisse avoir eu l'occasion d'observer par lui-même des preuves de ce merveilleux instinct chez le chien. Vers le milieu du quatorzième siècle, un seigneur d'Oultremont de Warfuzée fut envoyé en mission à Rome par un prince-évêque de Liège. Il avait emmené avec lui un chien lévrier d'Écosse d'un grand prix, qui suivait son cheval ; car, dans ce temps-là, on ne voyageait guère autrement qu'à cheval. Il perdit son lévrier dans les rues de Rome et ne pensait pas le revoir jamais, lorsqu'à son retour à son château de Warfuzée, il fut accueilli par les démonstrations les plus vives de joie et d'attachement de cet excellent animal, qui, n'ayant pas réussi à retrouver dans Rome la trace de son maître, avait pris le parti de revenir à son point de départ.

Une preuve encore plus étonnante de la mémoire des lieux chez les animaux, est celle que donnèrent de la manière la plus authentique les faucons d'Islande de l'empereur Joseph II. Ce prince aimait passionnément la chasse au faucon; aussi passait-il pour posséder à son service les meilleurs faucons et le plus habile fauconnier de toute l'Europe. Du temps de feu la fauconnerie, le premier rang était accordé aux faucons d'Islande, regardés comme supérieurs même à ceux de Norwège. Les faucons d'Islande n'ont qu'un défaut, l'amour obstiné de leur pays natal, qui pourtant ne semble guère en valoir la peine. Tandis que ceux des autres pays, bien qu'ils aient été pris à l'âge adulte, s'attachent à leur maître, lui obéissent et ne songent pas à profiter des occasions qu'ils peuvent avoir de recouvrer leur liberté, les faucons d'Islande n'oublient jamais qu'ils ont été libres, et sont toute leur vie en proie à la maladie du pays. Afin de rémédier autant que possible aux inconvénients qui pouvaient en résulter, le fauconnier de Joseph II avait dressé ses meilleurs faucons à gagner de vitesse les faucons d'Islande, et à les ramener de force au perchoir. Joseph II, qui s'amusait beaucoup de ces luttes aériennes entre ses faucons, en a rendu témoins plusieurs fois les premiers naturalistes de son temps; le fait ne peut donc être contesté. Chaque fois qu'un faucon islandais parvenait à s'échapper, il prenait son vol avec la rapidité d'une flèche, toujours dans la direction du Nord, et il n'est pas permis de douter que ce ne fût pour aller retrouver son nid dans les rochers de sa chère Islande. Chez les faucons d'Islande, la protubérance de la mémoire des lieux est plus saillante qu'elle ne l'est chez toutes les autres races de faucons.

Il n'en est pas, pour l'homme, de la mémoire des lieux comme de la mémoire des faits; ce genre de mémoire est une faculté peu commune, qui n'a pas l'inconvénient de donner lieu au pédantisme et à la frivolité, et dont il est possible de tirer un parti très-avantageux par l'éducation. La protubérance de la mémoire des lieux ne se développe pas d'aussi bonne heure que celle de la mémoire des faits; elle n'est bien visible et bien saillante qu'aux approches de l'âge adulte; à cet âge, si vous la distinguez très-prononcée sur le front d'un jeune homme, ne le condamnez pas à un état sédentaire où il ne ferait rien de bien, ni pour lui ni pour les autres; dirigez-le vers une carrière où la mémoire des lieux puisse assurer son avenir.

3. Mémoire des personnes.

L'observation démontre que la mémoire des personnes existe à un degré très-remarquable chez des gens doués d'ailleurs d'une mémoire à peine ordinaire, quant aux faits et aux lieux. Cette faculté, moins commune encore que celle des lieux, réside dans une circonvolution dont la protubérance, fort petite, se trouve placée en dedans de l'orbite de l'œil, et n'est pas pour cette raison visible au dehors; elle donne seulement aux yeux de ceux chez lesquels elle existe un caractère particulier. On insiste peu sur ce genre spécial de mémoire, que l'habitude développe au plus haut degré chez cette classe d'individus auxquels il est le plus nécessaire de reconnaître les visages, en dépit de tous les déguisements, gens essentiellement observateurs par état, et dont il semble inutile de désigner autrement la profession. Il n'est personne qui n'ait eu occasion de remarquer que le regard de l'un de ces Messieurs diffère de celui du commun des hommes. Presque tous ceux qui ont acquis une certaine réputation dans le genre d'observations dont je veux parler, doivent la forme de leur œil et le caractère de leur regard à la présence dans l'orbite de l'œil de la petite protubérance de la mémoire des personnes.

4. Mémoire des mots.

L'une des circonvolutions du cerveau, qui se manifeste au dehors par une protubérance placée sur la moitié postérieure de la voûte de l'orbite de l'œil, correspond au *sens du langage*, faculté dans laquelle est comprise *la mémoire des mots*. Ce genre de mémoire, qui chez quelques individus tient du prodige, n'est donc extérieurement manifesté par aucune protubérance particulière. Comme la mémoire des personnes, la mémoire des mots influe singulièrement sur le regard ; ceux qui en sont doués conjointement avec le sens du langage ont ordinairement les yeux très-saillants ; les erreurs à ce sujet peuvent être fréquentes, quand l'individu qu'on observe a beaucoup d'embonpoint. Il est alors facile de prendre un pli graisseux du front, au-dessus et un peu en arrière du sourcil, pour l'indice extérieur du sens du langage, comprenant la mémoire des mots.

Les recueils d'anecdotes sont remplis de citations d'individus merveilleusement doués sous le rapport de la mémoire des mots. L'un de ces prodiges était au service de Frédéric II. Un jour que Voltaire venait de lui réciter des vers inédits de sa façon : « Je connais ces vers, dit le grand Frédéric ; un de mes secrétaires les sait par cœur, et me les a récités plus d'une fois ; ils peuvent être de vous ; mais, à coup sûr, ils ne sont pas inédits. »

En parlant ainsi, il ouvrit la porte d'un cabinet et en fit sortir un homme qui, sur la demande du roi, récita sans se tromper d'une syllabe la pièce de vers que Voltaire venait de composer, et qu'il était parfaitement certain de n'avoir communiquée à personne. Le roi s'empressa de lui apprendre que cet individu, vrai prodige de mémoire, avait été placé à dessein dans le cabinet; il lui avait suffi d'entendre une seule fois les vers, pour les graver dans sa mémoire d'une manière ineffaçable.

J'ai connu à Paris un individu doué d'une mémoire, s'il se peut, encore plus extraordinaire. Je rapporte ici son histoire, parce qu'elle peut offrir à beaucoup de parents un enseignement précieux, quant à l'éducation de leurs enfants. Un cultivateur des environs d'Écouen avait remarqué, chez l'un de ses fils, une faculté peu commune de retenir les mots; il le plaça chez un maître de pension de Paris, qui, pour tirer parti des facultés ou plutôt de la faculté de ce jeune homme, mit tous ses soins à en faire un véritable phénomène. A la fin de la première année d'études, il obtint tous les prix; il savait par cœur trois ou quatre grammaires et autant de dictionnaires, et pouvait réciter sans se tromper la plupart des livres qu'on lui avait fait étudier en plusieurs langues. L'année suivante, cet élève eut le prix d'honneur au grand concours. Or il se trouva que le pauvre garçon était bête à rendre des points au rhinocéros. Après s'être essayé dans plusieurs carrières, et s'être reconnu incapable de réussir dans aucune, il est revenu en qualité de sous-maître seriner les autres, comme il avait été lui-même seriné.

Les parents qui observent chez leurs enfants, dès l'âge de dix ou douze ans, la protubérance du sens du langage, avec une mémoire extraordinaire pour retenir les mots, loin de favoriser cette disposition, doivent la restreindre dans de justes limites, en dérivant par l'éducation leur attention vers d'autres objets, et les habituant à ne pas attacher aux mots trop d'importance. Ceux-là seulement, et le nombre en est très limité, à qui leur position permet de se livrer exclusivement à la philologie et d'en faire l'emploi principal de toute leur existence, peuvent user sans contrainte de la faculté de graver des mots dans leur mémoire ; pour les autres, l'abus de cette faculté ne peut les mener qu'à une vanité révoltante, accompagnée d'une incapacité complète pour tout ce qui peut être réellement bon et utile.

Sens des couleurs. — Talent de la peinture.

Antérieurement aux travaux de Gall et de Spurzheim sur l'anatomie du cerveau, le sens des couleurs, par conséquent le sentiment du coloris chez les peintres, était attribué exclusivement à l'œil. Les recherches et les observations de ces deux anatomistes ont prouvé que le siège de ce sens est, comme celui des autres facultés de l'homme, dans le cerveau. Il réside dans une circonvolution peu étendue en surface, mais très saillante, qui se manifeste au dehors par une protubérance placée au-dessus du milieu de chacun des deux sourcils. Jetez les yeux sur une collection de portraits de peintres célèbres; tous ceux qui ont été grands coloristes ont sensiblement saillante la partie du front qui correspond au milieu de la partie supérieure des sourcils; ce signe ne trompe jamais, pas plus chez l'homme que chez la femme. Sans vouloir en faire les applications personnelles aux peintres de notre époque, tout le monde connaît ceux de nos grands peintres qui ne sont pas coloristes; ils ont les sourcils sensiblement horizontaux, et nulle élévation sensible ne se montre au-dessus du milieu de l'arcade sourcilière; c'est le contraire chez tous ceux qui excellent par le coloris. A part tout talent pour la peinture, il est à remarquer que le sens des couleurs, ou plutôt le sentiment de l'harmonie des couleurs, est en général moins développé chez l'homme que chez la femme; le sourcil de la femme forme en effet, plus fréquemment que celui de l'homme, un arc de cercle parfaitement régulier; de là, son aptitude plus grande à être impressionnée par l'heureux choix et la réunion harmonieuse des couleurs, et d'être vivement choquée par l'association disgracieuse des tons criards. Aussi a-t-on vu de tout temps beaucoup de femmes artistes exceller dans le coloris. Il ne faut pas oublier que l'organe du sens des arts, toujours fort développé chez les grands peintres, qu'ils soient ou non coloristes, est entièrement distinct du sens des couleurs. La nation chinoise tout entière en offre un remarquable exemple. Chez ce peuple qui se compte par centaines de millions, l'arcade sourcilière est toujours relevée au milieu; la protubérance du sens des couleurs est toujours proéminente et visible sur le front de tous les individus des deux sexes; l'organe des arts est toujours ou presque toujours absent. Le Chinois aime avec passion la couleur; il la prodigue sur ses vêtements, ses meubles, à l'intérieur et à l'extérieur de ses habitations; il est toujours coloriste; il n'est jamais dessinateur ni peintre; il est par-dessus tout le meilleur teinturier de l'univers.

L'observation de la protubérance du sens des couleurs, déjà bien accusée à l'âge de douze à quatorze ans, toujours accompagnée d'un sentiment délicat de l'harmonie des couleurs, ne doit pas être négligée comme indice dont il faut tenir compte pour diriger un jeune homme doué de cette aptitude spéciale vers une carrière où il puisse l'utiliser, dans les arts ou dans l'industrie.

Sens du rapport des tons. — Talent pour la musique.

L'organe du sens du rapport des tons, indice d'un vrai talent pour la musique, soit d'exécution, soit de composition, est placé dans le cerveau immédiatement au-dessus de l'angle externe de ce que les anatomistes nomment le *plancher orbitaire*, c'est-à-dire la base inférieure de l'orbite de l'œil. Cet organe se produit extérieurement par une dilatation de la partie externe de la paroi orbitaire; cette dilatation donne au crâne de tous les grands musiciens une conformité de conformation qu'il n'est pas possible de méconnaître; elle est fréquente chez les Allemands et les Italiens, très rare chez les Anglais, peu commune chez les Français et les Espagnols, encore moins commune chez les nègres d'Afrique et chez les peuples de la Polynésie. Elle manque totalement chez une foule de femmes qui se disent passionnées pour la musique, parce que, dans leur jeunesse, elles ont dépensé plus ou moins de temps et d'argent pour apprendre à faire un bruit désagréable; ces femmes ne possèdent pas le sens du rapport des tons; elles ne sont pas musiciennes le moins du monde, bien que leur vanité s'exalte par les applaudissements qu'elles recueillent en faisant, passablement, par pure routine, de la musique médiocre. Tout médecin connu pour s'occuper de phrénologie est exposé à mortifier profondément, soit les jeunes virtuoses imaginaires, soit leurs familles, quand, par l'inspection de leur crâne, il constate l'absence complète du sens du rapport des tons. Je le répète, rien n'est plus rare chez les deux sexes que cet organe cérébral et la conformation du crâne qui en est l'indice. Si vous la découvrez chez un enfant, avant de le diriger vers la carrière musicale, consultez d'autres régions du crâne où peuvent exister des protubérances qui, sans rapport direct avec le sentiment de la musique, influent cependant d'une manière prépondérante sur le genre de talent du futur musicien et sur le caractère de ses compositions à venir. S'il a tout à la fois, avec la protubérance de la musique, celle du sentiment religieux, il n'excellera que dans la musique religieuse; s'il associe à la protubérance musicale celle du meurtre, il n'est apte qu'à produire de la musique militaire.

La protubérance de la musique, dont le développement est quelquefois extrêmement précoce, se manifeste extérieurement des deux côtés du front, dès l'âge de trois ou quatre ans; de là les petits prodiges de sept à dix ans, qui dépassent les plus habiles exécutants, soit sur le violon, soit sur le piano. C'est une faute de résister à l'entraînement très prononcé de l'enfant né pour la musique; c'en est une plus grande de l'user prématurément en exploitant la précocité de son talent, au lieu de le laisser mûrir complétement par l'étude; ceux-là seuls dont on n'a pas abusé dans leur enfance par des motifs de cupidité ou de vanité sont appelés à devenir réellement de grands musiciens.

Un fait qu'il importe de faire remarquer aux parents disposés à se faire illusion quant aux facultés musicales de leurs enfants des deux sexes, c'est que ces facultés ne dépendent pas exclusivement du plus ou moins de sensibilité de l'oreille, comme nombre d'auteurs l'ont cru et soutenu dans leurs ouvrages; elles ont, je le répète, leur véritable siège dans le cerveau. Ainsi, un enfant peut avoir l'oreille très sensible et une grande aptitude pour la mémoire des sons; il retiendra des airs, des sonates, des concertos entiers; il les répétera correctement; s'il n'a pas l'organe cérébral de la musique suffisamment développé, il ne sera jamais musicien; le diriger vers cette carrière, comme exécutant ou comme compositeur, c'est lui faire faire fausse route.

Sens du rapport des nombres. — Talent pour le calcul.

Il y a entre les rapports des tons et ceux des nombres une relation tellement intime que, dans le cerveau, l'organe des nombres est comme la continuation de celui de la musique ; il semble, en effet, que ce soit simplement la prolongation de la circonvolution la plus inférieure de l'organe de la musique. Il ne s'ensuit nullement que tout grand musicien doive être grand mathématicien, ou réciproquement.

L'organe du sens des nombres est intimement lié à celui des rapports des tons ; extérieurement, la protubérance des mathématiques (sens des nombres) est contiguë à celle de la musique (sens des tons). Si la volonté dirigeait dans ce sens ces deux dispositions, tout grand musicien pourrait être grand mathématicien, et réciproquement. Mais, comme ces deux penchants, bien que d'un caractère si différent, offrent un attrait égal, un égal débouché à l'activité intellectuelle, on se livre exclusivement à l'un des deux, qui devient alors dominant et pour ainsi dire exclusif. La protubérance des mathématiques occupe l'angle externe du plancher de l'orbite de l'œil ; quand elle est très développée, elle force en quelque sorte la paupière supérieure à s'abaisser, ce qui tient l'œil à demi-voilé et comme enfoncé en apparence, bien qu'il ne le soit pas en réalité ; c'est cette particularité qui donne un cachet spécial et en quelque sorte uniforme à la physionomie de tous les grands calculateurs.

Quand la protubérance des mathématiques se développe chez l'enfant très jeune (elle est souvent très saillante dès l'âge de cinq à sept ans), si l'enfant est abandonné à la passion du calcul qui l'absorbe alors entièrement, il devient à peu près incapable de tout autre travail de l'intelligence, et finit par comprendre difficilement tout ce qui n'est pas calcul. On sait que beaucoup de grands mathématiciens sont dépourvus de ce qu'on est convenu de nommer de l'esprit, comme le célèbre Vaucanson, à qui, disaient ses contemporains, Dieu avait donné sa part d'esprit en génie.

Ainsi, lorsque sur le bas du front d'un enfant, à côté de la protubérance de la musique, celle des mathématiques se montre de très bonne heure, si l'enfant se livre avec ardeur et succès au calcul, et qu'il prenne en dégoût ses autres sujets d'études, soyez avertis. Hâtez-vous de dériver son attention et d'exercer son activité intellectuelle sur toute autre chose que le calcul, sinon il arrivera très promptement à ne pouvoir plus être qu'une simple machine à calculer. Laissez-le se livrer à son penchant avec modération, seulement dans le cas où, sans épuiser sa capacité pour tout le reste, vous êtes en mesure de lui faire tirer de son talent pour le calcul un parti avantageux pour lui et pour la société.

Il se produit à toutes les époques quelques-uns de ces calculateurs-phénomènes, de ces enfants-chiffres, dont on exploite les facultés précoces, toujours par cupidité ou par vanité. Je ne puis m'empêcher de faire remarquer à ce propos que, dans les sociétés modernes, l'éducation, soit privée, soit publique, est donnée, en général, au profit de ceux qui la donnent ou la font donner, selon leurs vues personnelles et ce qu'ils croient être leur intérêt personnel, sans nul souci des intérêts véritables de ceux qui la reçoivent. Ceci est une thèse délicate, que je n'entends pas aborder ici accessoirement, à propos de phrénologie. Mon but est seulement de faire comprendre aux parents et aux instituteurs quelle faute grave ils commettent envers leurs enfants ou leurs élèves, lorsque, par des motifs tout personnels, sur l'égoïsme desquels ils ne peuvent de bonne foi se faire aucune illusion, ils laissent dominer une protubérance qu'il fallait contenir. Ils livrent en définitive à la société un homme fort en calcul, bête et incapable sur tout le reste, alors qu'il ne tenait qu'à eux d'en faire un homme intelligent, possédant une aptitude générale, une éducation

variée, qui n'eût point été, à la vérité, un phénomène à faire voir pour de l'argent, mais qui
n'en fût pas moins devenu un mathématicien
distingué.

Je fais observer ici aux adversaires de la localisation des fonctions cérébrales (car ce système
tout saisissant de vérité a encore des adversaires, comme en a eu si longtemps la circula-
tion du sang), que, par suite d'apoplexie, d'hy-
drocéphalie ou de lésions extérieures du crâne,
des mathématiciens d'une grande force ont
perdu et perdent fréquemment toute aptitude
au calcul ; tous les ans, des maladies ou des
accidents de cette nature forcent des jeunes
gens, entrés des premiers à l'École polytech-
nique, à renoncer à la carrière du génie. Quand
une faculté cesse ou s'affaiblit par une altération de la circonvolution du cerveau à laquelle
elle correspond, peut-on, de bonne foi, nier que
cette circonvolution, avant sa lésion, n'ait été
réellement le siège et l'organe spécial de cette
faculté ? Or c'est un fait reproduit à chaque instant ; les annales de la médecine en offrent
journellement des exemples, non pas pour une
partie du cerveau seulement, mais pour toutes
celles qui peuvent être altérées et affaiblies à
divers degrés sans déterminer la mort.

Les preuves de cette vérité phrénologique
sont fréquemment fournies par les aliénés qui
recouvrent la raison. Du moment où cesse l'af-

fection cérébrale qui avait causé la perte de leur raison, s'ils ont été atteints d'une manie indiquant la paralysie d'une ou plusieurs portions du cerveau, ces portions recommencent graduellement à fonctionner, et c'est le premier indice certain de leur guérison. Les annales de la médecine aliéniste contiennent l'histoire d'une dame allemande devenue complètement folle, et dont la folie consistait dans la perte absolue de la mémoire des nombres, comprenant l'oubli de la marche du temps ; elle répétait sans cesse une date à laquelle elle croyait que sa vie s'était arrêtée ; la protubérance du sens des nombre s'était presque totalement effacée à l'angle extérieur du bas du front de cette dame. Son délire durait depuis vingt-deux ans, lorsqu'une réaction inespérée s'opéra ; elle finit par recouvrer complètement sa raison. En revenant à elle, il lui sembla qu'elle reprenait la vie là où elle l'avait laissée ; elle demanda des nouvelles de ses deux enfants, en bas âge à l'époque du début de sa maladie mentale ; tous deux étaient mariés et avaient eux-mêmes des enfants ; il lui fallut beaucoup de temps pour s'habituer à l'idée qu'ils avaient grandi. La guérison de cette dame fut complète ; toutes ses facultés revinrent, hors celle de compter, qu'elle ne recouvra jamais.

Sens des arts. — Mécanique. — Architecture. Dessin.

L'organe cérébral du sens des arts est une circonvolution roulée en spirale, placée sous la région temporale. Quand celui qui en est doué, même à un degré très-élevé, ne s'en sert pas de bonne heure, et que, par une activité plus grande imprimée par sa volonté à d'autres facultés, il laisse celles-ci prendre l'empire, il arrive que les circonvolutions voisines, entre autres celle de l'esprit de propriété, resserrent et compriment celle du sens des arts, au point qu'elle ne peut presque plus se traduire au dehors. Dans le cas contraire, elle se manifeste par une sorte de bourrelet de forme arrondie à la tempe, en arrière de l'organe de la musique, un peu au-dessus de celui du sens des nombres. La place de la protubérance des arts n'est jamais exactement la même sur tous les crânes où elle existe (car elle manque sur le plus grand nombre). Elle est un peu plus en avant ou en arrière, selon que les circonvolutions voisines, par leur plus grand développement, la font avancer ou reculer.

Quand la protubérance du sens des arts est très saillante, elle a quelque chose de peu gracieux; dans les portraits des grands artistes, cette particularité de conformation, considérée comme une imperfection, est diminuée ou même tout à fait dissimulée par la position de la tête ou par la coiffure; dans leurs bustes sculptés, elle est toujours indiquée, bien que sensiblement réduite. La preuve en a été fournie par Gall lui-même, à l'époque où il habitait passagèrement Rome. Les études de Gall sur l'anatomie du cerveau et sur la phrénologie dont il posait alors les bases, de concert avec Spurzheim, avaient en Italie un grand retentissement; on venait en foule lui apporter des crânes ou des plâtres de crânes moulés sur nature, dans le but de mettre à l'épreuve sa sagacité. Un jour, des visiteurs à lui inconnus, chargés, comme il l'apprit plus tard, de chercher à le prendre en défaut, vinrent lui apporter un crâne moulé en plâtre, le priant d'en dire son avis. Gall, après examen, déclara que ce crâne devait avoir été celui d'un très grand artiste; jamais il n'avait observé la protubérance des arts à un tel degré de développement. L'organe de la propagation était aussi excessivement développé. Quand il eut consigné par écrit le résultat de ses observations, Gall demanda aux visiteurs inconnus si l'on savait à qui avait appartenu ce crâne si remarquable. C'était un plâtre moulé sur le crâne de Raphaël.

Or, sur tous les bustes de Raphaël sculptés d'après nature de son vivant, la protubérance des arts existe, mais très peu saillante, ne ressemblant que de loin à ce qu'elle était en réalité ; évidemment, le sculpteur a pris cette saillie pour un défaut ; il ne l'a rendue qu'en l'affaiblissant.

La protubérance des arts se manifeste d'une manière capricieuse, tantôt dès l'âge de cinq à sept ans, tantôt seulement entre quinze et dix-huit ans ; c'est celle qui s'atrophie le plus fréquemment par la prédominance des circonvolutions du cerveau qui l'entourent et peuvent facilement la dominer. Dans l'enfance, les parents sont excusables, surtout quand ils sont sans fortune, de dériver l'attention de l'enfant sur d'autres objets. Le penchant pour les arts peut être une passion plutôt qu'une aptitude, et n'aboutir qu'à la médiocrité ; dans ce cas, tout autre emploi de l'existence vaut mieux. Cette opposition, d'ailleurs, n'est jamais capable de faire avorter un talent artistique de premier ordre ; la volonté persévérante reprend toujours sa direction. Il est heureux qu'il en soit ainsi ; car la multitude des rapins, qui se croient artistes parce qu'ils aiment à tenir un pinceau et à gâcher des couleurs, est un véritable fléau ; la médiocrité, pitoyable partout, est tout particulièrement insupportable dans les arts. La circonvolution du cerveau qui donne lieu à la protubérance des arts ne se développe malgré tout, et ne devient impérieuse en dépit de toutes les difficultés, que quand elle dénote une vocation irrésistible, une aptitude hors ligne, et qu'elle promet réellement un artiste de premier ordre.

CHAPITRE III

Les derniers organes du cerveau qui viennent d'être signalés au point de vue de la phrénologie peuvent encore se rencontrer, bien qu'à l'état tout à fait rudimentaire, dans le cerveau de quelques animaux; on trouve la trace de la protubérance des arts sur le crâne du castor, dont on connaît les dispositions pour l'art de l'architecture. Celles dont j'ai à m'occuper en terminant ne se trouvent, même à l'état le moins prononcé, sur le crâne d'aucun animal.

Qu'il me soit permis, avant d'aborder cette dernière série, de répondre une dernière fois à celle des objections que les adversaires de la phrénologie reproduisent avec le plus d'insistance et le moins de bonne foi. Elle fait, dit-on, dépendre d'un organe plus ou moins développé du cerveau les œuvres les plus sublimes du génie humain; elle met Michel-Ange, l'architecte de Saint-Pierre de Rome, au niveau du castor. Non, mille fois non. Elle montre seulement à quelle circonvolution du cerveau correspond telle ou telle faculté, mise à la disposition de la volonté, laquelle ne peut s'exercer qu'à l'aide des outils que lui fournit la nature. Supposez le génie de Michel-Ange enfoui par ses parents dans les bureaux d'une banque; admettez que la passion de l'argent eût pris chez lui la prédominance sur la passion des arts! Il n'y aurait pas eu de Michel-Ange. Il n'y a rien d'humiliant pour le génie des arts à constater que Dieu a départi à quelques-unes de ses plus humbles créatures une parcelle d'aptitude à l'architecture, et que cette parcelle est représentée par un organe occupant dans le cerveau du castor la position occupée par la protubérance du sens des arts dans le cerveau de Michel-Ange. Car une protubérance, bonne ou mauvaise, considérée séparément, ne peut devenir impérieuse et absorber les autres que d'après la façon dont en use la volonté. N'en est-il pas de même de tous nos organes? L'homme à qui Dieu a départi la meilleure poitrine, le meilleur larynx, l'oreille la plus délicate, peut s'en servir pour chanter des chansons à faire rougir des hussards; il peut aussi faire retentir des accords les plus suaves et les plus religieux les voûtes de la maison du Seigneur;

il peut enfin se taire, et ne jamais articuler une note de sa vie; pourtant, il est probable que, sachant qu'il peut très bien chanter, il chantera.

J'en dis autant de toutes les facultés représentées par les circonvolutions du cerveau et traduites au dehors par les protubérances de la surface du crâne.

Sagacité comparative.

L'organe de la sagacité comparative commence la série des organes cérébraux dont l'analogue ne se rencontre, à aucun degré, chez aucun animal. La circonvolution du cerveau qui correspond à cette faculté et qui donne lieu à la protubérance de la sagacité comparative, est située à la région supérieure-antérieure du front, précisément sur la ligne médiane, de sorte que ces deux sections se touchent et n'en font en réalité qu'une seule. Quand cette protubérance est très prononcée, elle donne à l'ensemble de la partie moyenne du haut du front une forme voûtée et en quelque sorte conique. C'est ce qu'on peut voir distinctement sur le front de saint François de Sales, l'un des écrivains religieux qui ont fait le plus fréquent et le plus heureux usage de la comparaison. Tous ceux qui sont doués au plus haut degré de cette faculté ne s'en servent pas avec le même bonheur. La protubérance de la sagacité comparative se développe tard ; elle est rarement très apparente avant l'âge adulte. Les jeunes avocats et les jeunes prêtres dont le front porte cette protubérance très saillante doivent se méfier de leur disposition à abuser de la comparaison, au barreau et dans la chaire, et s'imposer à eux-mêmes la loi d'être sobres de métaphores.

L'un des plus grand poètes de notre temps, le plus grand, au dire de bien des gens, depuis la mort de Béranger, porte sur son front, sans s'en douter peut-être, la protubérance de la sagacité comparative à un degré tel qu'il serait difficile d'en [rencontrer un second spécimen semblable. Ce poète, par suite de la rectitude de son jugement, n'abuse jamais de la comparaison ; mais on peut dire que personne n'en use comme lui. C'est ainsi, pour n'en citer qu'un exemple, qu'il définit l'espérance du chrétien dans un monde meilleur, en disant à une femme affligée, près de succomber au désespoir :

« Soyez comme l'oiseau, posé pour un instant
    « Sur des rameaux trop frêles,
« Qui sent fléchir la branche, et qui chante pourtant,
    « Sachant qu'il a des ailes ! »

Il faut user ainsi de la comparaison en poésie, ou ne pas s'en mêler.

Esprit métaphysique. — Profondeur d'esprit.

S'il est une faculté qui soit l'attribut exclusif de l'homme, et dont nul animal ne manifeste en lui l'existence à aucun degré, c'est l'esprit métaphysique ou la profondeur d'esprit, ayant son siège dans deux circonvolutions du cerveau placées en ligne horizontale, à droite et à gauche de celle de la sagacité comparative. Au dehors, cet organe se manifeste par deux protubérances accompagnant de chaque côté la protubérance de la sagacité comparative. Dans ce cas, tout le haut du front devient très large et très bombé comme il l'est dans les bustes antiques de Socrate et de Platon, comme il l'était au degré le plus prononcé sur les crânes de Leibnitz et de Kant.

C'est une des protubérances qui se développent le plus tard et le plus rarement ; il y a lieu de s'en féliciter. Un monde de métaphysiciens ne serait guère habitable. Il est permis seulement à un nombre excessivement limité d'intelligences supérieures, de donner pour emploi à toute leur existence la spéculation, le travail incessant de creuser les idées métaphysiques. Ceux qui laissent dominer en eux ce penchant, se détachent complétement du monde réel pour vivre exclusivement dans le monde des idées, dont ils cherchent à approfondir les problèmes les plus ardus; il leur arrive bien quelquefois de prendre le creux pour le profond : cela peut arriver à tout le monde. J'ai connu personnellement le fameux métaphysicien allemand Denzinger, fameux, bien entendu, à l'université de Wurtzbourg où il était professeur. Quand on lui apportait de l'argent, il disait avec colère : Portez cela à ma femme : est-ce que je suis fait pour compter de la monnaie? Comme il était remarquablement laid, des plaisants avaient dessiné sa charge sous la figure d'un singe occupé à fricasser sa propre queue dans une casserole, voulant connaître la cuisine *subjective*, après l'avoir étudiée *objective*, en bien dînant. Ce philosophe que tout le monde ne comprenait pas (je ne sais pas positivement s'il se comprenait toujours bien lui-même) avait au degré le plus prononcé la protubérance de l'esprit métaphysique; il lui était devenu impossible de fixer sa pensée sur un objet quelconque du domaine des choses ordinaires de ce monde; il vivait complétement étranger à la vie pratique. Tel fut surtout, au commencement de ce siècle, Kant, le philosophe de Kœnigsberg, dont les écrits sur la métaphysique sont reconnus intraduisibles, et dont les Allemands eux-mêmes ne trouvent pas toujours aisément la clef. Livré aux intuitions intérieures, Kant en était venu à douter de l'existence du monde matériel. Le génie qu'on ne peut lui refuser brille à chaque page dans ses écrits ; mais, comme le remarque Gall, ces rayons de lumière, brillants sans doute, sont difficiles à distinguer des feux follets.

Esprit de saillie.

L'organe cérébral qui constitue l'esprit de saillie, apanage de ceux qu'on nomme par excellence les gens d'esprit, se manifeste extérieurement par deux segments de sphère très prononcés, de chaque côté des deux bords latéraux du sommet du front. On remarque chez ceux qui sont doués de cette faculté à un très haut degré une disposition naturelle à porter le doigt sur cette protubérance, lorsqu'ils sont accoudés devant une table, attitude qui leur est familière. L'esprit de saillie, le plus souvent caustique et railleur, inspire une aversion profonde à ceux chez qui manque cet organe et qui se sentent désarmés, soit pour repousser, soit pour renvoyer les traits que leur décoche la raillerie, même quand elle est spirituelle et inoffensive. Cette protubérance paraît sur le front des enfants vers l'âge de dix à douze ans, un peu plus tôt chez les jeunes filles que chez les jeunes garçons. C'est un de leurs penchants qu'il importe le plus de ne pas laisser devenir

dominant; car il peut, pour les motifs les plus
frivoles, susciter contre eux dans la vie des ini-
mitiés irréconciliables.

Génie poétique.

Tout le monde sait qu'on naît poète, et que
tout l'art du monde, toute l'application possible,
toutes les études les plus persévérantes ne
sauraient donner le génie poétique à celui qui
n'en est pas doué naturellement. A l'extérieur,
le don de la poésie se révèle par deux protubérances en forme de bourrelet sur chacune
des deux tempes, au-dessus de la protubérance
du sens des arts. On a remarqué, seulement
depuis que la doctrine phrénologique a fait, en
dépit de ses détracteurs, son chemin dans le
monde, que tous les bustes des grands poètes
de l'antiquité, Homère et Pindare en particulier, portent le bourrelet poétique extrêmement
prononcé; de sorte que le front d'un grand
poète ne ressemble pas à celui d'un homme
ordinaire. Je répète ici l'observation que j'ai
faite au sujet de la protubérance de l'orgueil sur
le crâne chauve de Jules-César; on ne dira pas
que les sculpteurs antiques ont donné aux
images des grands poètes la protubérance de la
poésie, pour obliger le docteur Gall. Ne laissez
jamais un enfant, qui peut, dès l'âge de sept à

dix ans, posséder le talent futile de faire facilement des vers médiocres, se livrer à ce plaisir dangereux, qui ne peut aboutir qu'à une excessive exaltation de sa vanité. Si l'esprit poétique est en lui, la protubérance de la poésie se fera jour, il sera poète en dépit des obstacles, et alors ce sera un grand poète. Quant aux rimailleurs d'une abondance stérile, évitez d'en faire naître : il y en a trop !

Organe de la bienveillance.

L'organe cérébral de la bienveillance n'est visible habituellement que chez les personnes plus ou moins chauves ; il est placé, sous forme d'une protubérance bombée, allongée d'avant en arrière, à l'extrémité du sommet du front, sur une partie du crâne ordinairement recouverte par les cheveux. J'ai le regret de l'avouer, cette protubérance est rare, et le plus grand nombre des humains des deux sexes a cette partie du crâne parfaitement plate. C'est que tout, dans les sociétés modernes, tend à développer l'âpreté de l'égoïsme sous toutes ses formes, et à restreindre le sentiment de la bienveillance universelle.

Il n'y a pas, pour quiconque exerce par l'éducation ou de toute autre manière une influence quelconque sur ses semblables, de plus impé-

rieux devoir que celui de développer ce sentiment chez les autres, en l'exerçant soi-même
pour sa propre satisfaction et celle d'autrui,
selon cette parole de l'Écriture : « Paix sur la
terre aux hommes de bonne volonté ! » L'homme
dont la volonté est bonne, c'est l'homme qui
veut le bien, l'homme bienveillant. Fussiez-
vous par hérédité, ou pour toute autre cause,
né avec un crâne aplati à l'endroit de l'organe
de la bienveillance, dès l'âge de raison,
appliquez l'énergie de votre volonté à vous
donner cette faculté ; elle viendra, et bientôt il
vous sera impossible de ne pas être bon et bienveillant. Ce principe, pour le dire en passant,
devrait dominer toute l'éducation ; il porterait
des fruits moins acerbes que cette loi du coup
de poing qui domine en toute liberté dans
presque tous les établissements dits d'éducation !

Organe de la mimique. — Talent d'imitation.

Le siège de l'organe cérébral duquel dépend
le talent de la mimique, c'est-à-dire de l'imitation des gestes, des attitudes et des physionomies, est placé tout à côté de l'organe de la
bienveillance, un peu en arrière de cet organe.
Quand la protubérance de la bienveillance est
peu prononcée et que celle de la mimique l'est

beaucoup, la première est en quelque sorte absorbée par la seconde qui reste seule visible, spécialement chez beaucoup d'artistes dramatiques dont elle a déterminé la vocation. Cette partie du crâne est alors très-bombée, et les cheveux qui la recouvrent ont une tendance naturelle à se redresser. Le talent de la mimique, utile seulement aux acteurs de profession, est un de ces dons naturels dont il est dangereux d'abuser, surtout quand l'usage n'en est pas tempéré par la bienveillance ; il ne peut, comme l'abus de l'esprit caustique, produire d'autre effet que de susciter des rancunes profondes et incurables.

Organe de la religiosité.

Ce serait, certes, une impiété monstrueuse, que de prétendre qu'il faut un certain développement d'un organe particulier du cerveau, pour connaître et adorer Dieu, ce qui mettrait l'athéisme à l'abri derrière l'absence de la protubérance de la religiosité. Mais l'anatomie du cerveau constate qu'au sommet du front, en arrière de la protubérance de la bienveillance, une autre protubérance de forme bombée existe très-saillante chez ceux en qui le sentiment religieux est très développé, et qui font de ce sentiment l'objet de leurs pensées habituelles.

Quand cette protubérance est très prononcée
dès l'âge de dix à douze ans, il y a toujours lieu
de craindre que le sentiment religieux ne dégé-
nère en un penchant fatal vers toute sorte de
superstitions, et n'engendre un fanatisme haineux; il y a donc lieu, pour le père de famille
et l'instituteur, de surveiller ce penchant et de
lui imprimer par l'éducation une direction salutaire. Alphonse Karr raconte que des sauvages
convertis par un missionnaire finirent par le
tuer et le manger. Cela fait, ils tombèrent dans
un affreux désespoir, non pas pour avoir mangé
un missionnaire, mais parce qu'ils reconnurent
trop tard qu'ils l'avaient mangé un vendredi !!!
Cette fiction touche juste; il ne faut pas aller
chez les sauvages pour trouver de pareilles
aberrations du sentiment religieux. Il y a en
Orient des hommes dont le vol et le meurtre
sont la vie habituelle, et qui se laisseraient
brûler vifs plutôt que de manquer à se laver les
coudes sept fois par jour, selon la loi de Maho-
met.

Organe de la fermeté.

La protubérance de la fermeté occupe l'extrême limite de l'os frontal et des os pariétaux,
au point où ceux-ci rencontrent l'os frontal; on
la rencontre rarement très developpée; son

absence fréquente donne raison au poète qui a dit :

« Le commun caractère est de n'en point avoir. »

Entre la protubérance de la religiosité et celle de l'orgueil, tout le sommet du crâne est proéminent chez les gens doués d'un caractère ferme ; il est au contraire plat et quelquefois déprimé chez ceux d'un caractère faible.

Il faut réprimer avec soin l'excès de fermeté qui se manifeste souvent dès l'âge de cinq à sept ans chez les enfants en qui cette protubérance est déjà sensiblement saillante ; tant que la fermeté n'a pas, pour la diriger vers le bien, le jugement et la raison, elle est tout simplement de l'entêtement. Mais prenez garde, en forçant le ressort à ployer, prenez bien garde de ne pas le briser ! Une fois rompu, il ne se relève pas, et celui qui eût été un homme ferme, résolu, d'un caractère vraiment viril, restera irrésolu et pusillanime toute sa vie.

CONCLUSION.

Tout est-il dit, tout est-il connu, en phrénologie ? Non, assurément. Les points fondamentaux sont seuls établis ; les fonctions seules des principaux organes cérébraux sont connues ; le principe de la localisation des fonctions cérébrales est seul posé sur des bases inattaquables. Si le lecteur a suivi avec quelque intérêt l'exposé qui précède, il a pu voir, et il ne tient qu'à lui de vérifier par lui-même, à quel point la phrénologie, malgré ce qui reste de recherches à faire pour la compléter, peut aider à la connaissance de soi-même et des autres, combien elle peut produire de bien et éviter de mal.

Ne considérez jamais comme frivole et inutile ce qui tend à perfectionner, à compléter, à propager la science qui intéresse le plus l'humanité, la science de l'homme.

FIN DE LA DEUXIÈME PARTIE.

NOTES

Note A.

SUR LA BEAUTÉ FÉMININE

Il y a des femmes régulièrement belles, dont l'aspect produit sur tout le monde l'impression de la beauté à la première vue; mais, quand on les étudie, surtout quand on a l'occasion de les observer au moment où elles commettent quelque action révoltante, elles semblent décidément laides, et l'on s'étonne qu'il ait été possible de les trouver belles. Un remarquable exemple de ce fait est consigné dans les mémoires du capitaine Stedman. Comme beaucoup de ses compatriotes, pendant le dernier siècle, Stedman, gentilhomme allemand de bonne famille, n'ayant que la cape et l'épée, était de ceux qui se mettent volontiers au service de n'importe qui, moyennant une solde convenable, pour se battre contre n'importe quoi. Parvenu, jeune encore, au grade de capitaine au service de l'honorable compagnie hollandaise des Indes-Occidentales, il tenait garnison à Paramaribo, chef-lieu de la Guyane hollandaise, lorsqu'il eut la chance de plaire à une veuve de vingt ans, riche de plusieurs millions de florins, qui passait pour la plus belle personne de la colonie. Les deux amants ne dépendaient que d'eux-mêmes; le jour du mariage était fixé; il semblait impossible de prévoir le plus léger obstacle à cette union; Stedman était un objet d'envie pour une multitude de rivaux évincés à cause de lui.

Un soir, le capitaine, à la veille de son mariage, se promenait sur les eaux tranquilles de la rivière de Surinam, dans une barque richement ornée, à côté de sa fiancée parée de ses plus beaux atours. Près d'elle, une négresse allaitait un très jeune enfant, dont les cris impatientaient la jeune veuve et l'empêchaient d'entendre les propos galants du capitaine. Sans paraître autrement émue de colère, la veuve saisit l'enfant par un pied, l'arracha des bras de la négresse, le tint sous l'eau jusqu'à ce qu'il fût mort, et remit le cadavre sur les genoux de sa mère; comme la pauvre femme poussait des cris lamentables, la veuve lui fit donner trente coups de fouet. Le capitaine croyait rêver. Il s'empressa de se faire mettre à terre, écrivit immédiatement à sa fiancée une lettre de rupture, et rendit grâce à Dieu d'avoir été averti à temps, et de n'être pas lié pour la vie à une pareille femme. Plus tard, il eut l'occasion de la revoir; elle lui parut affreusement laide; il ne comprenait pas comment elle avait pu lui sembler jolie.

Note B.

SUR LES PORTRAITS

———

A l'époque où les travaux de Lavater sur la physiognomonie avaient le plus de retentissement, il y
avait à Londres un peintre doué d'un certain talent,
qui se plaisait à composer d'imagination des portraits auxquels il donnait, comme étude, l'expression très prononcée d'une ou de plusieurs passions.
Il avait soin de vêtir ses personnages à la dernière
mode des gens de la plus haute société. Son travail
terminé, il parcourait les promenades, les théâtres,
les lieux de réunion de la meilleure compagnie, jusqu'à ce qu'il eût rencontré quelqu'un qui ressemblât
à peu près à l'une de ses têtes d'étude.

Dès qu'il l'avait trouvé, il se procurait l'adresse
du personnage, et lui écrivait pour solliciter une ou
deux séances. Frappé, disait-il, de l'expression des
traits de lord X. ou de lady Z., il les avait peints de
souvenir et désirait ne pas laisser son œuvre ina-
chevée. Le plus souvent, lord X. ou lady Z. accueil-
lait la demande de l'artiste, et achetait le portrait.
Cependant il lui en restait pour son compte un assez
grand nombre dont il avait formé chez lui toute une
galerie. Chaque portrait avait sa légende, avec le

nom de l'original : lord A. débauché ; lord B. ivrogne ; lady C. joueuse ; et ainsi de suite.

A la mort du peintre, la galerie fut mise en vente aux enchères publiques ; les portraits étaient fort ressemblants ; qu'on juge du scandale ! Les originaux ou leurs héritiers s'empressaient d'acheter à tout prix ces malencontreuses toiles, pour les faire disparaître ; ce fut pour les héritiers du peintre une véritable fortune, sur laquelle ils ne comptaient pas.

De nos jours, la photographie tend à tuer le portrait ; elle a déjà tué la miniature ; elle en est arrivée à reproduire des personnages de grandeur naturelle. Il ne faut se fier qu'avec mesure aux images photographiques, pour l'étude de la physiognomonie. On a comparé ces images à des reflets dont une glace conserverait l'empreinte ; mais les glaces ne sont pas toutes également fidèles. Certaines parties du visage, le nez en particulier, sont grossies par la photographie ; d'autres sont diminuées.

La ressemblance d'un portrait photographié peut suffire comme souvenir ; elle est le plus souvent insuffisante comme objet d'études physiognomoniques.

Note C.

SUR LES CONTRASTES DES PHYSIOGNOMONIES

Il est fort utile à ceux qui débutent dans l'étude sérieuse de la physiognomonie, de bien se convaincre de la réalité de ses indications générales, avant d'en approfondir les détails. Rien n'est plus utile, à cet égard, que l'examen des figures qui

Fig. 1.

contrastent entre elles d'une manière frappante. Considérez, comme exemple, la figure 1, représentant l'attention appliquée à l'étude. Ce sont les traits

d'un homme attentif à une leçon ou bien à une lec-
ture dont il ne veut rien perdre. On a isolé à dessein

Fig. 2.

ceux des traits de cette figure qui expriment ce
genre d'attention, qu'on peut nommer l'attention
volontaire.

Fig. 3.

La figure 2, comme contraste, représente l'attention [involontaire; c'est la figure d'un homme saisi
d'horreur à l'aspect d'un spectacle affreux qui le

captive malgré lui, et dont il ne peut détourner ses
regards. Le profil antique de la figure 3, exprime la

Fig. 4.

fermeté et la sévérité; celui de la figure 4, la douceur et la bonté poussées jusqu'à la faiblesse de caractère, inclusivement.

Fig. 5.

La valeur guerrière, la loyauté et la liberté de la
pensée respirent sur la figure 5.

15.

La valeur alliée au fanatisme religieux ou politique est fortement accentuée sur la figure 6.

Fig. 6.

Le profil de la figure 7 accuse le génie réfléchi et la profondeur de la pensée.

Fig. 7.

La figure 8 exprime la nullité, l'absence de toute pensée métaphysique.

La passion de la liberté exaltée jusqu'au fanatisme est écrite sur la figure 9.

Fig. 8.   Fig. 9.

La figure 10 exprime l'abrutissement, l'anéantissement résultant de la servitude acceptée.

Fig. 10.   Fig. 11.

La figure 11 est un type de finesse diplomatique.

La figure 12 est un type de bonhomie, de facilité de caractère.

Fig. 12.

Enfin, on ne peut méconnaître sur la figure 13 la fausseté, l'hypocrisie, la bassesse arrogante, et sur

Fig. 13.

la figure 14 l'expression de la droiture et l'élévation des sentiments.

Chacun peut s'exercer à rechercher et à fixer, par le dessin, des contrastes du même genre dans le cercle de ses relations habituelles.

Fig. 14.

Note D.

SUR LA PHRÉNOLOGIE

On pourrait regarder comme superflu de prendre de nouveau dans cette note la défense de la phrénologie, si cette branche de la science n'était l'objet d'attaques incessantes, reproduites dans des livres qui sont entre les mains de tout le monde. On remarquera que, dans notre exposé de la phrénologie et de ses applications, nous n'avons pas dépassé Gall et ses ouvrages. Les subdivisions introduites par Spurzheim et ses continuateurs, ainsi que les interprétations qu'on a prétendu leur donner, n'offrent pas, dans l'état actuel de la science, un degré suffisant de certitude. Quant à l'objection posée par l'auteur de l'article *Phrénologie* dans l'*Encyclopédie moderne* (Paris, Firmin Didot), objection basée sur ce que la pluralité des organes cérébraux serait en désaccord avec l'unité, l'identité et la liberté de l'âme humaine, on ne peut, pour y répondre, que reproduire le fait à la fois physiologique et psychologique qui domine toute la question.

L'âme humaine, dans toute sa puissance, dans la plénitude de sa liberté manifestée par la volonté, n'agit évidemment qu'à l'aide des instruments mis,

par l'organisation du corps humain, à sa disposition.
L'âme d'un danseur, dans le corps d'un cul-de-jatte,
ne fera pas danser le cul-de-jatte : il semble ridicule
d'insister sur la démonstration d'un fait aussi clair.
Or, quand la phrénologie prouve que le développement de telle circonvolution du cerveau donne à
l'homme telle faculté ou telle aptitude particulière,
quand elle conseille d'avoir égard dans l'éducation
à ces aptitudes révélées extérieurement par les protubérances de la boîte osseuse du crâne, elle ne dit
pas autre chose, sinon : Ne faites pas un danseur de
celui qui n'a pas de jambes; ne faites pas un for-
geron de celui qui n'a pas de bras; ne faites pas un
chanteur de celui qui n'a pas la poitrine robuste.
Est-ce que ces vérités, triviales à force d'être vraies,
enlèvent quoi que ce puisse être à l'existence de
l'âme, à son identité, à son unité ou à sa liberté?

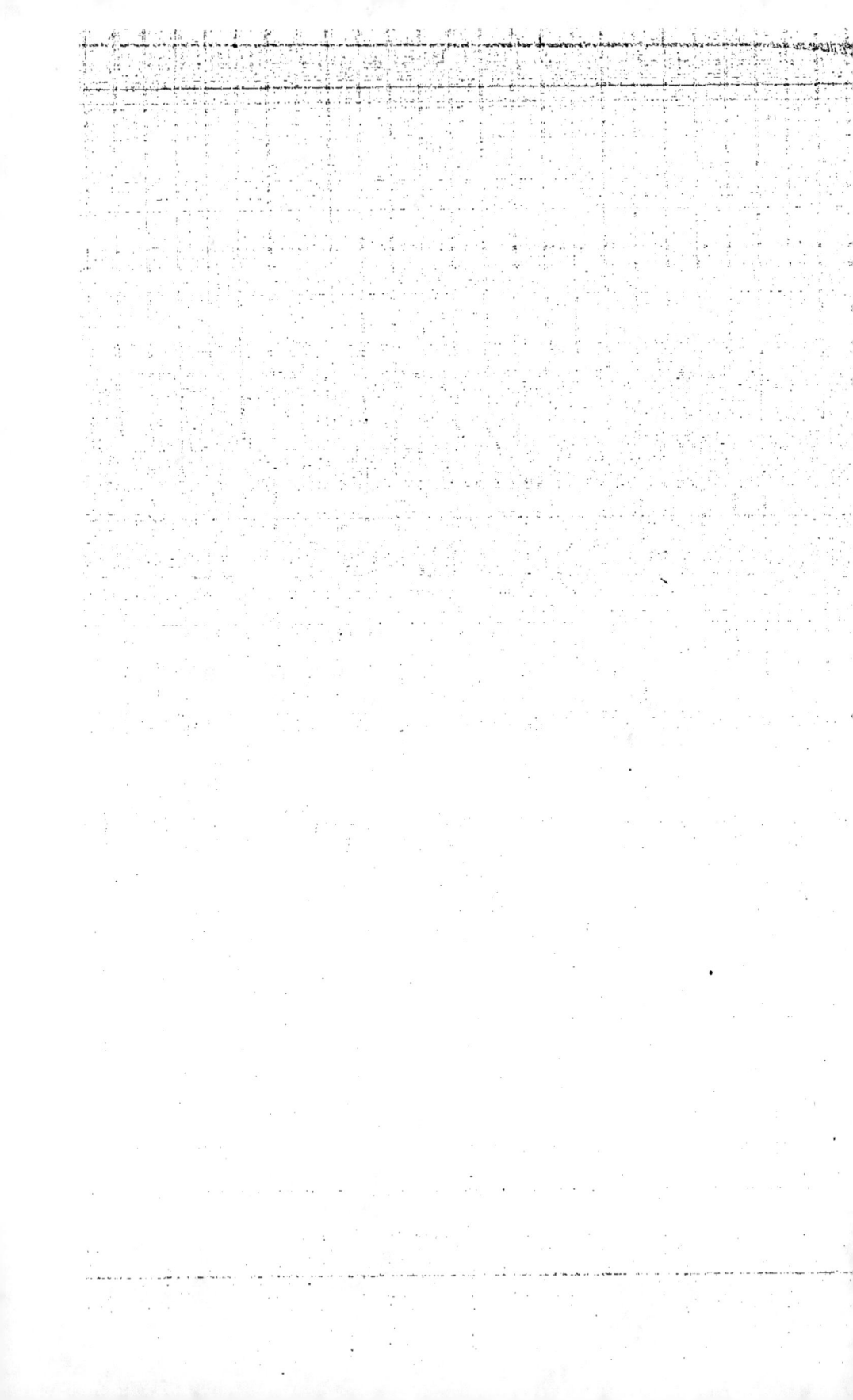

PROTUBÉRANCES DU CRANE HUMAIN

N° 1. Propagation.
  2. Amour de la progéniture.
  3. Affectivité.
  4. Défense personnelle.

N° 5. Meurtre.
  6. Ruse.
  7. Propriété.
  8. Orgueil.

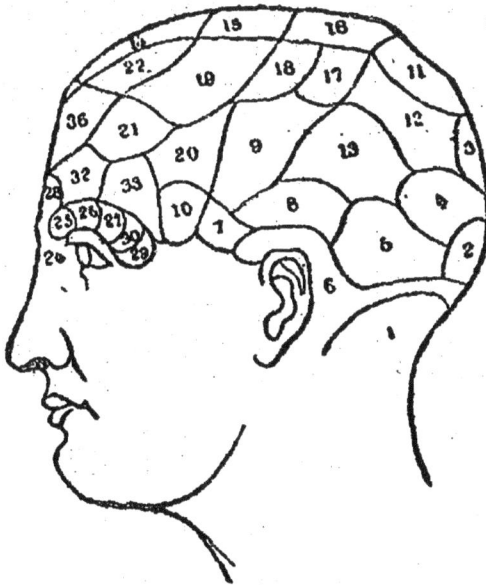

N° 9. Vanité.
  10. Circonspection.
  11. Mémoire des faits.
  12. — des lieux.
  13. — des personnes.

N° 14. Mémoire des mots.
  15. Philologie.
  16. Peinture.
  17. Musique.
  18. Mathématiques.

N° 19. Sens des arts.

20. Sagacité comparative.

N° 21. Esprit métaphysique.

22. Esprit de saillie.

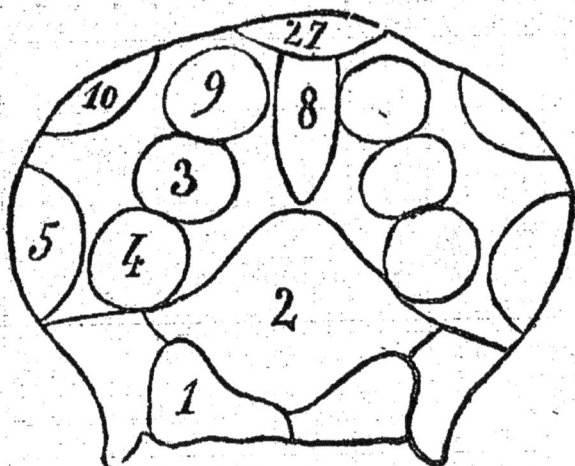

N° 23. Poésie.

24. Bienveillance.

25. Imitation.

N° 26. Religiosité.

27. Fermeté.

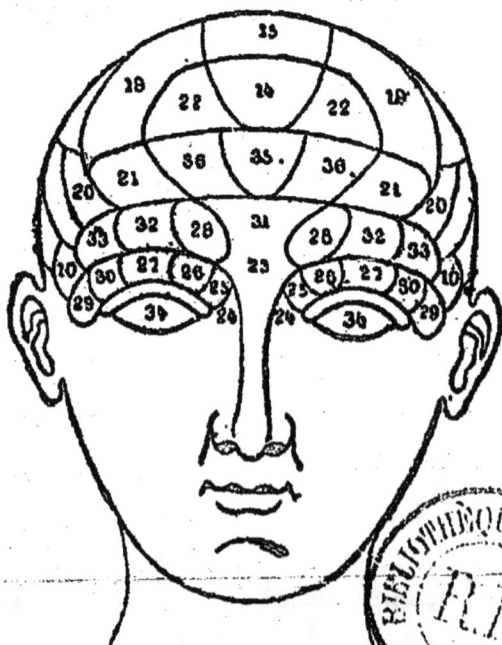

TABLE DES FIGURES

Figures de la note C.

Protubérances du crâne humain.

TABLE

PHYSIOGNOMONIE

PHRÉNOLOGIE

ÉMILE COLIN ET Cⁱᵉ — Imprimerie de Lagny.
E. GREVIN, Succʳ.

www.ingramcontent.com/pod-product-compliance
Lightning Source LLC
Chambersburg PA
CBHW070755270326
41927CB00010B/2154